林 香里

Kaori Hayashi

メディア不信

何が問われているのか

岩波新書
1685

目　次

本書では、すべて敬称を省略させていただきました。

序章

「メディア不信」——何が問題か

Media

世界同時多発する「メディア不信」

「メディア不信」がグローバルなテーマになっている。

二〇一六年六月、英国では国民投票によって英国の欧州連合(EU)離脱が決定した。その際、同国のタブロイド紙の多くが、EU離脱派によるキャンペーンの不正確な主張をそのまま報道したこと、また、タブロイド紙自体も、EUについてさまざまな「デマ」を報道していたことが改めて問題になった。

それとほぼ同時進行で、大西洋を隔てた海の向こうでは、米国大統領選中、ソーシャル・メディア経由で多くの事実無根の報道が拡散されていた。当時大統領候補だったドナルド・トランプが自家用機を提供して海兵隊を救援した、あるいはローマ法王がトランプ候補を支持した、などの虚偽のニュースは、有名人たちもフェイスブックやツイッターでシェアしたため、瞬く間に拡散した。

こうした事態を受けて、オックスフォード辞典は「ポスト真実(post-truth)」という言葉を二〇一六年の「今年の言葉」に選んだため、メディア、そしてネットの情報の信憑性についてさらに注目度が高まった。その後、トランプは、大統領就任直前の記者会見で一部のメディアに対して「フェイク・ニュース（fake news、偽記事）」と非難し、「メディア不信」はさらに政治的なテーマとなって話題を呼んだ。

しかし、そもそもそれ以前から、ネットやスマートフォン（スマホ）の急速な普及によって、だれもが情報を手軽に発信できるようになっていることで、情報に関する不信感は高まってきた。いま、私たちは、フェイスブックであろうがブログであろうが、事前にチェックを受けずに、どんな情報でもどんどん社会に向けて公開できる。ネット上には、いわゆるプロの取材の手による「報道」だけでなく、噂や口コミ、友だち同士の日常のおしゃべりなどが混在している。どの情報が正しく、信じるべきかは、サイトや動画を見る側に委ねられている。

マスメディア企業やネット企業も、対策として「ファクト・チェック（真偽検証、事実確認）」の部門を新設し、オンブズマン制度を強化するなど、対策を講じている。日本でも、トランプ大統領誕生以降、書店の本棚には「フェイク・ニュースの見分け方」「フェイク・ニュースの正体」といった、ネット情報との正しい関わり方や、いわゆる「フェイク・ニュース」の見分け方に関する書物も次々と出版されている。これらは、現代情報化社会を生きる上で、たいへん重要な知恵であることは間違いない。

社会現象としての「メディア不信」

しかし、現代社会にたちこめる「メディア不信」の空気は、個々人が「フェイク・ニュース」に騙されないように勉強し、各企業が偽ニュースを削除すれば解消されるというわけではなさそうだ。本書では、まさにこの問題に切り込んでみたい。私は、「メディア不信」は、情報の真偽とは別の位相で語られるべき点が多々あり、それはむしろ、現代社会の問題として切り出し、提示し、みなで考えていくべきなのではないかと考えている。

オックスフォード大学ロイター・ジャーナリズム研究所（以下、ロイター・ジャーナリズム研究所）は、毎年、三〇か国程度を対象にデジタル化時代の報道の動向を探る国際比較調査をしている。今年の調査報告書『デジタル・ニュース・レポート二〇一七』では、次のような結論を出している。

ネットやソーシャル・メディアは、メディアの低迷する信頼状況をさらに悪化させ、「フェイク・ニュース」も蔓延させている。しかし、調査では、多くの国においてメディア不信を生む根底では、根深い政治の分極化、ならびに主流メディアの報道が偏っていると見なされていることが後押ししているとわかった。

(『デジタル・ニュース・レポート二〇一七』、拙訳、以下すべて断りのない場合は拙訳)

としている。報告書では、世論が分極化して、社会が分裂している国ほど、メディアの信頼のレベルも低いことが指摘されている。その現象の最先端に位置しているのが米国だ。そして、国民投票でEU離脱を決定した英国でもメディア不信は根深い。同報告書には、「現在、ほとんどの国では人々は主流の伝統的メディア(新聞、ラジオ、テレビなど)からニュースを得ており、メディア不信の大概の理由は、こうした伝統的主流メディアと関係している」ともある。

「メディア不信」は米国や英国だけのものではない。たとえば、ドイツの公共放送は、二〇一六年七月に「信頼喪失? メディアはどのようにメディアの信頼回復のために戦っているか」という四五分番組を放送した。番組ではドイツの公共放送の関係者たちが、最善の努力、細心の注意でもって仕事に挑んでも信頼を取り戻せないことに焦りを感じている様子が全編とおして映し出されていた。

日本も例外ではない。

近年、新聞やテレビといった「老舗《しにせ》」メディアは、これまでにない不信感とともに見られている。原発、歴史認識、選挙報道、沖縄問題、安全保障、科学報道、憲法改正など、事あるごとにメディアの報じ方が適切かどうかが問題にされる。また、プライバシーの侵害や名誉毀損など、メディアによる人権侵害は社会問題にまでなっている。

世界中で「ポスト真実」「フェイク・ニュース」「オルタナ・リアリティ」「マスゴミ」などといったキャッチフレーズが流行する現代、たしかに「メディアの信頼」は大きなテーマになり、伝統的メディアが苦境に立たされている。しかし、そこで問われているのは、必ずしも個別の情報の正確性や真偽ではないことを、私たちも感じているのではないか。

「メディア」とはだれか

「メディア不信」にある「メディア」は、ロイター・ジャーナリズム研究所の報告書にもあるとおり、多くの場合、新聞やテレビを中心とした、いわゆる「老舗」のマスメディア企業や組織に向けられる言葉である。ただ、ネット時代には「マスメディア」や「マスコミ」という言葉自体、古めかしい響きをもちはじめているので、近年はなんとなく「マスコミ」のかわりに「メディア」という言葉が多用される傾向にあるようだ。本書でいう「メディア」も、断りがない限り、新聞、テレビを中心としたマスメディア組織およびそれらがつくるコンテンツを指す。

ネットが急速に普及し、新聞やテレビの利用時間が相対的に減っている。これも、世界中で起きている現象である。ネットが情報媒体として台頭したために、これまでのような「読者」や「視聴者」としてではなく、一人ひとりが「ユーザー」としてパソコンやスマホを利用し、各自のライフスタイルに合った情報を受け取る。読む、見る、聞くことは個人的な経験となる。そのためにいっそう、「マスメディア」という画一的な情報行動を想起させる言葉より、「メディア」という言葉が使われるようになった。

「メディア」という言葉と類似した言葉に、「ジャーナリズム」という言葉がある。これは「マスメディア」という言葉よりさらに使い方が限定されており、いわゆる時事報道をはじめとする、最新のニュースをつくって発信する営為全体を指す。二〇世紀以降、ジャーナリズムはマスメディアの中に組み込まれてきた。「ジャーナリズム」という言葉には、規範的な響きがあるが、それは「ジャーナリスト」の職業倫理に由来する。先進国自由主義社会では、「ジャーナリスト」は、人々の知る権利に奉仕し、権力を監視する任務があり、そのために客観的かつ公平な記事や番組を提供するべきだとされている。ジャーナリストたちは、「医師」「弁護士」などと同様、職業を遂行しやすいよう特権を与えられるかわりに、高い水準の職業倫理が要求されている。「メディア不信」と言うとき、多くの場合、こうした「ジャーナリスト」の職業倫理が守られていないことに対する批判の意味が込められている。

現在、好むと好まざるとにかかわらず、私たちは、ネットの普及によって混沌とした情報化社会に投げ込まれている。それはメディア企業も同じである。公共空間における情報の生産から流通までをほぼ一手に引き受け、高い職業倫理に裏打ちされた「ジャーナリズム」という職業を擁していたマスメディアであったが、その独占的地位は揺らぎ、伝統的な秩序は崩壊してしまった。情報の伝送路は、オンライン・ニュースやソーシャル・メディアの流行によって完全に相対化されてしまい、ジャーナリズムという職業にも、新聞やテレビの外部において、次々と高い職業意識をもつ人々が進出し、人気を博す者たちも出てきている。「メディア不信」が日常の一部となりつつある現在、本書で私は、「メディア不信」という語りについて、一度整理をしてみたい。そのためにドイツ、英国、米国、日本という四か国の先進国の事例とともに「メディア不信」という現象について検討していくが、作業に入る前に、まずは、信頼とは何かについて、少し社会学的な見地から考えてみたい。

「信頼」と「不信」

一般的に「信頼」は「不信」と対立的に考えられている。たしかに、「信頼がない」状態が「不信」であろう。だから「不信」状態にあれば、「信頼」を取り戻さねばならないという議論になる。しかし、ドイツの社会学者N・ルーマンは、実はこの二つは社会学的には「機能的な等価物」、すなわち、あるまとまった社会を成立させる上で同じような働きをしているのであり、「信頼」も「不信」も一つの「戦略」だと主張する(ルーマン、一九七三＝一九九〇年)。

一般的には、「信頼」とは、どこかポジティヴな意味があり「不信」はネガティヴな響きがある。だから私たちは、「信頼される政府」「信頼される企業」「信頼されるメディア」をつくっていかなければならないと教えられる。しかし、シニカルなことで有名な社会学者ルーマンにかかると、研究者は人間社会の諸活動の良い悪いを判断するのが仕事ではなく、人間が社会でまずまずの人生を送っている社会の成り立ちや仕組みを考えることであり、彼の分析では、「信頼」も「不信」も同じように、社会に必要な同等の機能を引き受けているというのである。その機能とは、「社会的な複雑性を縮減しており、それゆえリスクを引き受けることをとおして生活態度を単純化している」。つまり、私たちは、信頼を置くものについては、いちいちその真偽や真意を問うことをせず、その領分については、それを担当する人間や組織、あるいは「システム」にお任せをして、起こりうる難問への対応をはしょっているのだという。

たとえば、私たちが「メディアを信頼している」と言うとき、毎日流れてくるニュースは、もちろん多少の間違いもあるかもしれないが(リスク)、とりあえずマスメディアにお任せして、ニュースは「真」だと信じて生活しているわけである(複雑性の縮減)。信頼するとは、生活の一部をシンプルにするということだ。私たちの社会生活は、こうした「信頼」なしには到底成立しえない。

他方で、もし、ニュースを信じないとしたら、どうなるか。そのときは「不信にもとづく縮減戦略」をとらなければならないとルーマンは言う。つまり、不信は不信を前提として、私たちは生活をシンプルにしようと試みる。メディアで言うならば、メディアに対して一定の先入観をもち、諦念《ていねん》、あるいは闘争心をもってメディアを拒否し、その線で生活態度を単純化するのである。

ところが、ルーマンはさらに次のように述べる。すなわち、私たちは多くの場合は、「信頼」も「不信」もどちらも抱かずに日常をやり過ごしているというのである。つまり、「慣れ親しみ」、言い換えるならば、惰性や馴染み、という感覚である。たとえば、私たちは、メディアをとても身近なものとして「慣れ親しみ」、通常は特別な問題として意識の上にのぼらせるようなものではないと考えている。多くの人は、メディアを「疑問の余地のない、非主題的な確実性」として受け止めて、固有な意味での「信頼」も「不信」も抱かないまま、日々をやり過ごしてきた。実際、日本では今日も多くの人の日常の実態は、これに近いのではないだろうか。

ルーマンによると、私たちが生きていく上での生活を単純化する態度には、「信頼」「不信」「慣れ親しみ」という三つのセットがある。そして、「信頼」と「不信」は対《つい》概念ではあるが、対立するものではなく、むしろこの二つは「慣れ親しみ」という概念と対立する。「慣れ親しみ」という態度は、あえて問題提起をせず、そのまま慣れ親しんだ世界構造や意味類型を受け入れてやり過ごし、私たちの暮らしの負担を軽減している。もちろん、こうした「信頼」「不信」「慣れ親しみ」は、相互に入れ替わり、変化する可能性は十分ある。私たちは、このように相互交換が可能な態度をあれこれと使い分けながら、生きる上での「複雑性を縮減」する戦略をとっており、そうしてこそはじめて、なんとか一つの社会が成立しているというのだ。

「慣れ親しみ」

ルーマンの引用が長くなったが、こうした三つの状態「信頼」「不信」「慣れ親しみ」を、これまでのメディアの状況に当てはめてみたい。日本の場合、テレビが普及し、各世帯が少なくとも一紙新聞を購読していた時代は、新聞やテレビは水道やガスなどと同様のインフラストラクチャーのイメージさえあった。たとえば、二〇〇五年までは、一世帯あたりの新聞の数は一紙を超えていた。つまり、どの世帯も少なくとも一紙は読み、二紙購読している世帯も珍しくなかった。しかし、いまでは一世帯あたりの平均は〇・八紙だ。また、一二年までは、カラーテレビの普及率は九九％超で高止まりをしていた。

ところが、近年、そうした新聞とテレビのある家の風景に徐々に異変が起きている。世帯を独立したり、引っ越しをしたりすれば、必ず新聞販売店に電話するという習慣は消えた。かわりに携帯電話やパソコンが普及した。七〇年代に急速に普及し、お茶の間の王様となったテレビも、少しずつその地位に揺らぎが見えはじめている。

ＮＨＫ放送文化研究所は、一九八五年から五年に一度、「日本人とテレビ」という調査をしている。その二〇一五年の調査によると、ふだんの日にテレビを見る時間（ビデオやＤＶＤの再生は除く）は、八五年から二〇一〇年までは増加傾向が続いていたが、この五年で「ほとんど、まったく見ない」人と「短時間」（三〇分〜二時間）視聴の人が増加し、全体の視聴時間ははじめて減少傾向に転じたという。とくに、二〇代から五〇代で「ほとんど、まったく見ない」人が増加している。

今日「メディアへの信頼」がテーマになっているのは、携帯電話やネットの普及など、情報環境の変化によって、少しずつ、マスメディアの存在が「慣れ親しみ」の状態から離れてしまったからとも言える。

こうして、多くの人が「慣れ親し」んできたマスメディアは、いま改めて「信頼するか」「不信を抱くか」と問われる対象となりつつあり、マスメディア側もそれに対する応答を迫られている。

この傾向は、日本だけではない。海外でも、ニュースや娯楽のためのネット利用が急増しており、マスメディアに対する「慣れ親しみ」の状態が激減している。

二通りの「メディア不信」

他方で、私たちの社会は、依然としてニュースや報道というジャンルを信頼することで成り立つ設計になっている。選挙、国会などの制度はもちろん、学校であれ企業であれ、マスメディアからの情報をもとに組織の方針を決定し、成立している部分が多分にある。つまり、言論・表現の自由が保障されている自由主義国家において、マスメディアには社会運営に必要な十分な知識をもつ主体的な市民を育てる任務が仮託されてきた。また、市民にかわって権力の監視をし、市民同士の自由な議論の場(フォーラム)を提供し、世論形成のリードをするといった、さまざまな公共的な機能が付与されてきた。つまり民主主義の原動力とも言える位置付けだ。

したがって、「メディア不信」という状態は、民主主義や、民主主義で成り立つ社会設計に疑念を抱く「民主主義不信」へと連鎖することになりかねない。実際、国際比較メディア研究では、メディアへの信頼は、民主主義の信頼と相互に強く関係しているという結果がある。私は、いま「メディア不信」を考える際、民主主義の土台を揺るがす問いとして向き合わざるを得ないと考えている。

近年メディアへの批判的態度は「メディア・リテラシー」という言葉とともに、メディアとの向き合い方、付き合い方として実践され、一部は教育カリキュラムにも取り入れられている。「メディア・リテラシー」は、メディアの役割が重要であるという前提に立ち、メディアを市民の手でよくしていこうとする運動であり、現代社会に必要な教養である。重要なのは、メディア・リテラシー的態度は、メディアを批判的に観察しつつ、それを自分たちのものとしてつくり変え、改善していこうというポジティヴな態度だということだ。ここでは、メディアのコンテンツだけでなく、マスメディアの組織、制度、歴史にも光を当て、私たちがマスメディアをあたりまえのものとして頼り、受け入れて、日々の生活の「複雑性を縮減」してきたことにも反省を促す。とくに重要なのは、メディアの抱えるさまざまな問題を認識するとともに、それらを自分たちの課題と捉えて、民主社会の共有財産として再生させようとすることである。

こうした「メディア・リテラシー」は、ある意味、メディアに懐疑的であれ、と教えることである。何気ない日常に埋め込まれている、さまざまなメディアの影響を発見し、その中からメディアの問題点を指摘し、代案を考える。メディアの受け手側からのこうした批判的提案を積み重ねていくことで、メディア側も自らの仕事を反省し、学習し、組織やコンテンツに工夫をこらす。改善されたコンテンツは社会に還元され、よき循環が生まれる。

しかし、いまこのような「メディア・リテラシー」によるポジティヴな「不信」とは異なる、気に入らないメディアを非難攻撃したり、それとの関わりを拒絶・ボイコットしたりする動きが広がっている。こうした動きに特徴的なのは、「うそつきメディア(Lügenpresse)」「フェイク・ニュース」「マスゴミ」などという闘争的な言葉でもってメディアを拒絶し、ときに攻撃することである。つまり、こうした言葉を使う場合、多くは特定の記事や番組の真実性を問うというよりは、主義主張、信条や思想が異なる特定のメディア組織や記者をターゲットにして、そこから発信される表現・言論活動全体を否定する。

たとえば、トランプがＣＮＮを「フェイク・ニュース」と断罪するとき、そこに何らかの事実分析があるわけではない。日本では、人気作家の百田尚樹《ひゃくたなおき》が「琉球新報、沖縄タイムスを正す県民・国民の会」で、「沖縄の二つの新聞はクズやなぁと思いました」と発言し話題になった(「ハフポスト」二〇一五年八月八日)。こうした発言の特徴は、個別の報道についての事実関係を語るのではなく、メディアを単純に「好き／嫌い」で判断し、嫌いな会社やブランド全体を非難し、その活動全体を否定するものだ。

民主主義の否定

「メディアの不信」が語られる場合、メディア・リテラシーの学習の成果、つまり取材や報道の不備、ステレオタイプによる安易な報道を見出し、それを改善しようとする態度を指すことがある一方で、猜疑心《さいぎしん》に覆われた、悲観的かつ感情的でメディアを拒絶するような「不信」が同時に語られている。後者の特徴は、メディアの批判はするが、その先のビジョンは示されない。また、自らは言論・表現の自由の権利によって気に入らないメディアを批判しているにもかかわらず、非難の矛先を向けるメディアの言論・表現の自由の権利には不寛容だ。その意味で、メディア全体をよりよくしようとするメディア・リテラシー運動の精神とは逆行するものだ。

私は、二〇一六年四月から一年、米国、英国そしてドイツに滞在したが、それぞれの国で、後者の「メディア不信」のほうに注目が集まっていたことが気になった。特定の政治家や有名人がオピニオン・リーダーとなって、嫌いなメディアを罵倒し、拒絶する。その動きは、一般市民を呑み込んでしまう大きな潮流となった。波の高さや強さはそれぞれの国で異なるとはいえ、どこか似たような暗さをもち、近代民主主義の理念を否定し、社会不安さえ引き起こしかねない重い影を落としていた。政治に対するシニシズムが広がり、政治に背を向けるか、信じたいものしか信じなくなってしまった市民たちと、そのような市民たちを狡猾《こうかつ》に利用する政治権力の存在。その間で対応を迫られるメディア組織。この三者が重なり合って「メディア不信」という現象が展開している。

本書では現在世界中に広がり、民主主義を蝕んでいる後者の「メディア不信」についてドイツ、英国、米国、日本の順に考えてみたい。そこには社会に対する冷笑、怒り、悲しみ、不安、あきらめなどの感情が広がる。なぜ、そういった感情が「メディア不信」へと接続されるのか。また、「メディア不信」の傍ら、近年台頭するソーシャル・メディアの世界はどうなっているのか。最新の動向から考えてみたい。

第1章

「うそつきプレス!」
——ドイツの右翼グループの台頭

Media

マスメディアへの厚い信頼

ドイツのマスメディアは、欧州の中でも比較的信頼度が高い。EUが欧州地域のさまざまな動向をさぐるために行っている世論調査、「ユーロ・バロメーター」調査の結果を図にしてみた(図1-1)。これによると、二〇一五年に一時的に信頼度が落ち込んだものの、一六年には回復しているし、経年で見ても、全体的にドイツのメディアを「信頼している」「どちらかというと信頼している」と答えた人は平均で五割を超え、安定していると言えよう。

ドイツはまた、ニュースを知る手段として、ネット利用の割合が低く、信頼も低いことも特徴である。ロイター・ジャーナリズム研究所の調査では、前の週に利用したニュース・メディアを複数回答形式で尋ねたところ、ネットと答えた人は全体の六〇%で、英国七四%、米国七七%、日本六九%を下回っている。さらに、ソーシャル・メディア経由でニュースを読む人も三一%にとどまった(英国四二%、米国五四%、日本三二%)。全体では、ソーシャル・メディアが主要なニュース情報源だと答えた人も七%にとどまり(英国九%、米国一七%、日本七%)、ネット利用に消極的なところは日本と似ている。また、ドイツは、四か国の中で、新聞、雑誌、

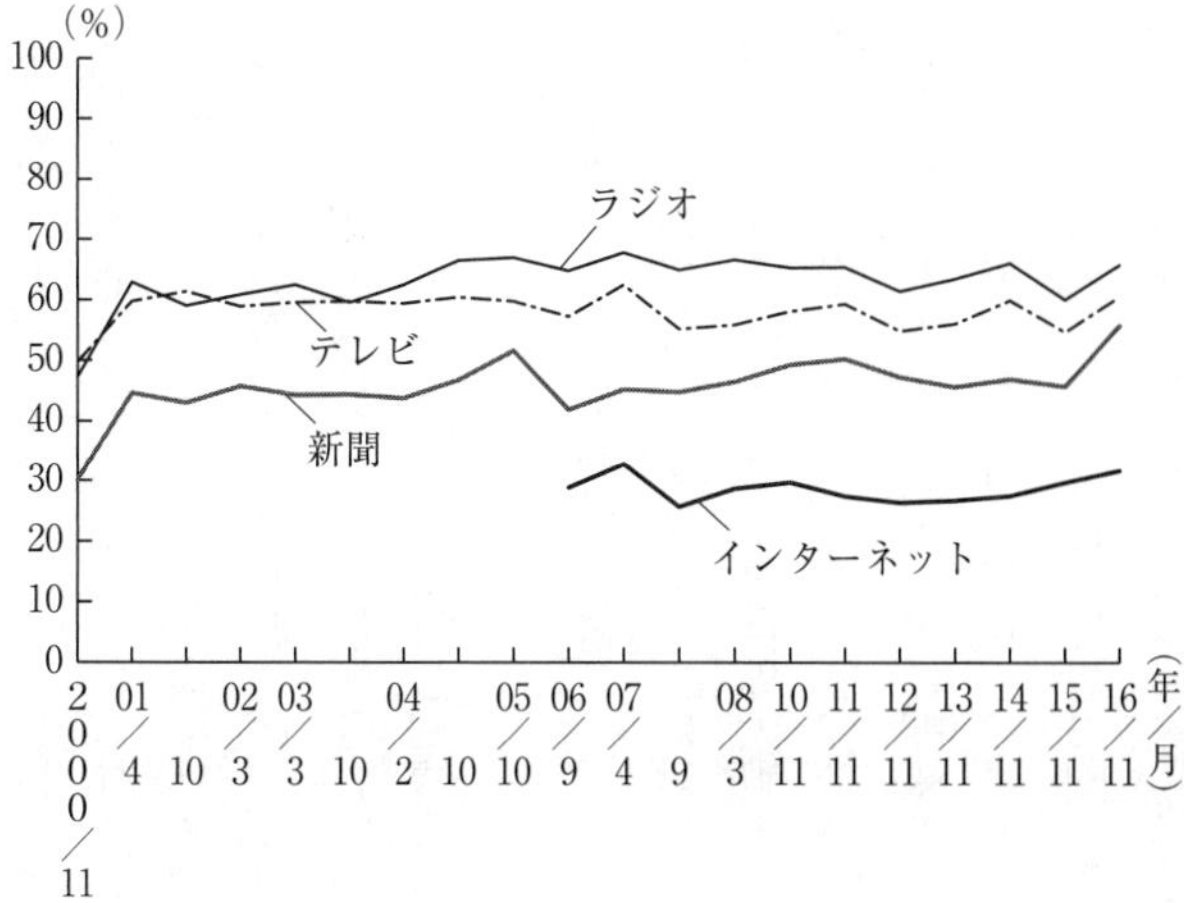

(注)「信頼している」「どちらかというと信頼している」を合わせた割合
(出典)　ユーロ・バロメーター(http://ec.europa.eu/COMMFrontOffice/publicopinion/index.cfm/Chart/index#)

図 1-1　ドイツの各メディアへの信頼度

ラジオ、テレビなど、伝統的メディアが主要情報源だと答えた人の割合がもっとも高い(ドイツ六九%、英国五八%、米国五三%、日本六二%)。

さらに、二〇一五年発表のＯＥＣＤの統計「Government at a Glance 2015」によると、欧州二四か国で、ドイツでは、教育程度の高い人たちの間のほうが、教育程度の低い人たちの間より、ソーシャル・メディアを使う率が九ポイントも低かった(教育程度の高い人=四二%、低い人=五一%)。この点は、教育程度の高い人たちの間での利用率のほうが圧倒的に高いその他の先進諸国と対照的な結果である。以上のデータを総合すれば、ドイツでは、新聞、ラジオ、テレビなどの伝統的メディアが、今日も基幹情報源として着実に利用されている様子が伺われる。

とくに、ドイツでは八〇年代半ばまで、放送分野では公共放送独占体制であった。こうした歴史的経緯があって、ドイツでは、公共放送は、今日も依然としてドイツのメディア界の中核に位置しており、その報道は社会的にも信頼されている。新聞が党派的な政治意見紙、あるいはローカル紙という位置付けであるのに対し、情報源としてのラジオとテレビの存在感は大きい。

ドイツのメディア制度の特色

ドイツの場合、マスメディアに対する厳格な制度設計をとおして信頼を獲得する工夫がなされている。それは、第二次世界大戦中、メディアがナチスのプロパガンダに悪用された過去の反省に基づくものだ。ここでは、二つの制度的特徴を挙げておきたい。

第一に、ドイツのメディアは、政策も制度も組織も、地方分権が原則だ。これは全体主義国家によるメディアの中央統制を二度と誕生させないための制度設計である。それによると、メディアや教育など、文化や思想に関する領域の政策決定権限は、基本的に州政府に委ねられている。これが「州における文化高権(Kulturhoheit der Länder)」と呼ばれる仕組みである。こうして、新聞雑誌を規律する「州プレス法」が定められており、たとえば、読者からの反論を掲載する義務などもそこで規定されている。ラジオやテレビも、州ごとの立法によって制度化されており、それを「州際協定」で州相互に調整をしつつ、全国をネットワークする仕組みになっている。

第二に、ドイツの「メディアの自由」の解釈とその範囲である。メディアの自由というテーマは、メディアの信頼と密接な関係にある。メディアが政府の検閲に服し、コントロールされていることがわかれば、一般の人々からの信頼は失墜する。逆に、メディアが自由放任、勝手気ままな報道をしていれば、それも信頼喪失の原因だ。政府の検閲を受けないことが大前提であるが、それを前提にメディアが金儲けのために勝手気ままな自由を濫用しないよう、あるいはしにくくなるような工夫や仕組みをどうするか。自由主義諸国では、メディアが享受する自由をいかに調整するかが大きな課題になる。

この点、ドイツでは「メディアの自由」を「制度的自由」として把握し（一九六一年ドイツ連邦憲法裁判所第一次放送判決）、個人の表現や意見表明の自由という伝統的な個人的基本権からは区別している。たとえば、先に言及したとおり、ドイツでは各州に州プレス法を置いているが、この法律では、プレス（新聞、雑誌をはじめとする印刷物）は「公共的任務」を負うと明記されている。「公共的任務」という言葉によって、プレスは社会の制度として公共的な機能をもち、それに対応する範囲においてのみ自由が保障されているという理解が支持されてきた。つまり、プレスの自由は、公共性によって枠付けされており、「自由」そのものは目的というよりは、よりよき社会の実現に向けた手段に過ぎないという理解になる。ここから、ドイツにおける「メディアの自由」は、自由放任とは完全に峻別《しゅんべつ》され、一定の制限がかかるわけである。

さらに、影響力が格段に強い放送事業者に対しては、ドイツ連邦憲法裁判所が、放送内容に社会の多様性を反映する積極的任務を負っているとし、そのために多様な情報提供をし、番組に反映させるような工夫や方向付けがなされなければならないという指針を示している(一九八一年第三次放送判決)。

以上のとおり、ドイツでは、メディアが享受する自由は、「制度的自由」の理解のもと、個人のレベルで享受する自由領域よりは制限される可能性を否定していない。

こうした考え方と関連して、ドイツ基本法(ドイツの憲法にあたる)の基底には、いわゆる「戦う民主主義」と呼ばれる考え方が採用されている点も重要だろう。この考え方は、自由で民主的な基本秩序に敵対する思想や意見を表明する者に対しては、言論・表現の自由という基本権を喪失する(すなわち、意見表明の自由を許されない)と規定している(ただし、実際はこの考え方の運用はきわめて謙抑《けんよく》的である)。

こうして、ドイツでは、刑法によって民衆煽動《せんどう》罪が規定され、ヘイトスピーチ(憎悪表現)が禁止されている。このような背景から、二〇一七年には、フェイスブックなどのソーシャル・メディアに「明らかなヘイトスピーチ」や「フェイク・ニュース」が書き込まれ、二四時間以上放置された場合、掲載したソーシャル・メディア企業に対して五〇〇〇万ユーロ(約六〇億円)までの罰金を科すという法律も可決した。これらの諸規範からも明らかなとおり、ドイツは自由主義社会であるとはいえ、「言論の自由」には限界があるというコンセンサスができあがっている。しかし、そんな厳格なドイツ社会にも、変化が起こっている。

「うそつきプレス」が「イケない言葉」に

二〇一七年、米国のトランプ大統領が就任直前の単独記者会見の席上で、米国ニュース・チャンネルCNNの記者に対して「フェイク・ニュース」と言い放った。その後も、トランプ大統領は気に入らないメディアに対して「フェイク・ニュース」とツイートして非難し続け、この言葉は全世界の流行語になった。しかし、その約二年前の一五年一月、ドイツでは「二〇一四年のイケない言葉(Unwort des Jahres 2014)」として「フェイク・ニュース」と類似した「うそつきプレス(Lügenpresse)」という言葉が選ばれ、話題となっていた。ちなみに、ここでの「プレス」という言葉は、新聞や雑誌といった印刷物だけでなく、メディア全体を指している。

では、先に見たように、伝統的メディアが優勢で信頼が寄せられているドイツで、いったい何が起こったのか。

実は、この「うそつきプレス」という言葉は、近年台頭しているドイツの排外主義の右翼市民運動「西洋のイスラム化に反対する愛国的欧州人たち(Patriotische Europäer gegen die Islamisierung des Abendlandes)、通称ペギーダ(PEGIDA)」が、デモ行進の際のシュプレヒコールに使ったものだった。

「うそつきプレス！　黙れ！(Lügenpresse! Halt die Fresse!)」

PEGIDAのデモは、二〇一四年末から、旧東ドイツ側の古都、ドレスデンを中心に盛り上がった。とくに同年一二月一五日には、「急進的イスラム教反対」「犯罪者の難民たちを追い返せ」、あるいは「偏狭的フェミニズムとの戦い」など、それぞれ思い思いに「リベラルな思想」に異議を唱えたプラカードを掲げ、約一万五〇〇〇人がデモ行進に集ったとされる。デモの参加者たちは、メディアは自分たちを極右と決めつける、自分たちの主張を不正確に扱う、偏向報道だ、私たちのことを真面目に取り合ってくれない、不公平だ、意見操作をしていると苛立ち、「うそつき」だと気勢を上げたのだった。こうした右翼市民運動から「うそつきプレス」という「イケない言葉」が生まれたわけだ。

では、実際、どこが「イケない」のか。

二〇一四年の「イケない言葉」賞に「うそつきプレス」が選ばれた際、次のような説明がなされている。

「うそつきプレス」という言葉は、すでに第一次世界大戦時の中心的闘争概念であり、独立系メディアを十把一からげに誹謗中傷し、ナチス国家社会主義のために使われました。この表現はそのような歴史を引きずっています。しかし、昨年来、「憂慮する市民たち」としてこの言葉のプラカードをもってデモ行進する人々の大部分は、その事実をあまり知らずに使っているようです。しかし、知らないことによって、この言葉を意図的に使う人々に、狡猾に利用される道具となっています。("Unwort des Jahres" のホームページより)

この賞は、東西ドイツ統一後の一九九一年にドイツの言語学者のグループによって言語教育的目的をもって設けられた。それは、「何気なく一般に使われている言葉に注意喚起を促し、国民の間で言葉に対する自覚やセンシティヴィティを養ってもらうためにつくられ」ており、「人権侵害にあたる言葉や言い回しに対して批判的な視線をもってもらうことを目的としている」という。毎年、一般公募をして集まった言葉の中から選ばれており、二〇一四年は、一二五〇通の応募があった。しかし、その中で、この「うそつきプレス」を候補にしたのは、わずか七通だったという。それにもかかわらず、審査員たちはこの言葉を選んだ。

それは、この言葉が民主主義への脅威になりうる深刻な意味を含んでおり、そのことをあえて社会に警告するためだった。というのも、PEGIDAの運動に参加した人々の多くは、極右の政治運動家というより、一般市民だった。他方で、PEGIDAを主宰するルッツ・バッハマンは、フェイスブックやツイッター上で難民たちを「虫けら」と呼んだり、ヒトラーを連想させる自身の口ひげの写真を掲載したりと挑発的な行動を繰り返していた。

こうした状況が言語学者たちにとって、いっそう危機感を募らせた。つまり一般の人々が、語源を知らずに「うそつきプレス」と叫びながら、極右の政治運動と合流してデモ行進をする――これは、現代ドイツ社会の一つの側面を語っている。

そこで、まずはこの「うそつきプレス」という言葉の由来を見てみたい。

ユダヤ人陰謀説とナチスによる弾圧

ドイツの「うそつきプレス」という言葉は、一九世紀に流行したユダヤ人陰謀説と密接な関係にある。陰謀説にはさまざまなものがあるが、あえて定義をするならば、表向きのテキストの裏側に、秘密かつ悪意の「策略」が潜んでいるとし、大概は背後に「影で糸を引く」何者かが自らの利害のために暗躍するというストーリーになっている。日本でもよく知られている陰謀説は、英国ダイアナ妃暗殺説、9・11米国同時多発テロ事件の合衆国政府関与説などである。そして、陰謀説は、いずれも近代商業メディアと表裏一体となって生きながらえてきたというのが、近年の学界の定説でもある。それはまた、一過性の噂やデマ、個別の利害をめぐる意見操作などとは異なり、近代社会の地下水脈として流れ、社会のありようを決定するような深大なストーリーにつなげて展開される。したがって、陰謀説は、話のスケールが大きい。背後には、国家や大規模資本などの権力が存在し、それが組織的に関与し、世界の方向性を決定するといった壮大な語りが展開する。「世界中の資本家がメディアを牛耳って、労働者を洗脳している」「英国王室がダイアナ妃の暗殺を企てた」「合衆国政府がテロリズムを自作自演している」などがそれに当たる。

陰謀説は、どこかで欧州中世の悪魔、魔女裁判などとも共通性がある。それらは、人間に備わった未知のものへの恐怖や不安、そしてその克服欲求が拡散の原因になっている。こうして、陰謀説は、非科学的な語りの代表としても扱われてきた。人間の感情、つまり割り切れなさ、やるせなさ、あるいは悔しさを、なんらかのステレオタイプ的な型によって因果関係と結び付けて理解しようとする。それが「陰謀説」のはじまりとされる。とりわけ、社会が分業化、複雑化して見通しがきかなくなった現代、「陰謀説」の説明力は魅力的だ。

話をドイツに戻すと、ドイツでは一八四八年の三月革命以降、次々と新しい新聞が創刊されたが、当初は政党意見紙の色合いが強かった。しかし、そこに変化が起こるのは七一年以降、ドイツ帝国が成立して帝国経済が発展した時期である。帝政ドイツでは信仰の自由が認められ、ユダヤ人にも市民権が与えられた。と同時に、法的平等が実現し、新聞業にも、ユダヤ人が進出し、産業が一段と発展していった。

陰謀説はまったく根も葉もない、うそのストーリーだが、何らかの事実が含まれているのが特徴である。ユダヤ人陰謀説でも、当時のドイツ帝国で多くのユダヤ人が新聞業に進出したことは事実であった。そして、そのことをよく思わない同業者も多くいただろう。そんな状況の中、一九世紀末から二〇世紀に流行った「ユダヤ人世界征服陰謀説」が新聞業とつながり、

「ユダヤ人新聞（Judenblatt）」が西欧社会を洗脳しているというストーリーがもっともらしいものに仕立て上げられていった。以降、ユダヤ人陰謀説には、新聞業の重要ポストに就いていたユダヤ人リストが添えられるようになり、ユダヤ人が経営する新聞は「ユダヤ人新聞」と呼ばれ、非難された。この動きに目をつけたナチスは、目障りな新聞（ユダヤ人支配の新聞、共産主義の新聞など）をまとめて「うそつきプレス」と非難し、これらの新聞の名声を貶《おとし》めようとした（図1-2）(Seidler, 2016)。

（出典） ナチスの発行した週刊新聞『シュテュルマー』（1932年7月）の挿絵

図1-2 「陰謀説」を煽る当時の漫画

ゲーテの『ファウスト』の主役，メフィストフェレス（悪魔・ユダヤ人）とファウスト博士（ドイツ・アーリア人）のカリカチュアを登場させ，メフィストフェレスがファウスト博士に「ユダヤ人新聞」というスープ（イラスト左下）を差し出して，「これを飲み干すと，ユダヤ人の味方になって，おまえの兄弟を打ちのめす」とささやく (Seidler, 2016)

二〇一四年に「イケない言葉」として選ばれた「うそつきプレス」という言葉は、こうしたユダヤ人差別、そして何よりナチスの残像を引きずる言葉だったわけである。この言葉の歴史的誕生経緯について、賞は注意喚起を促し、現代ドイツ社会の右傾化を警告したのであった。

右傾化と「うそつきプレス」

ドイツ語の権威ある辞典*DUDEN*は、「うそつきプレス」という言葉を次のように解説している。

（一九世紀に登場した）メディアに与えられた流行語で、とりわけ新聞や雑誌に向けられる。メディアが、政治的、イデオロギー的、あるいは経済的影響を行使して、情報を隠蔽あるいは捏造《ねつぞう》し、世論を操作していることを疑う際に用いられる言葉。

では、こうした言葉が二一世紀になぜ再び登場したか。

それは、ドイツ社会の右傾化と関係している。

七〇年代以降のドイツ社会では、いわゆる「リベラル・コンセンサス」（ハーバーマス／三島、一九八七＝一九九五年）と呼ばれる、ナチスの過去を克服し、自由社会の希求とリベラル左派の思想を尊重する合意がエリート層を中心に広がっていった。国を挙げてナチスの歴史を徹底的に批判し、憲法を守り、あらゆる形態の感情的なナショナリズムを排する――こうしたコンセンサスが政治、経済、文化などドイツ社会のあらゆる局面を強く支配して、広く一般市民に行き渡っていった。そうした姿勢はまた、ドイツ経済の復興やＥＵという欧州諸国大同団結の結実にもつながったと言える。ドイツのメディア業界からも、ナチスに協力したメディア企業や組織は一掃され、戦後は新たな組織とともに再出発をはかって今日に至っている。したがって、メディア業界にも、この「リベラル・コンセンサス」の威力は強い。

他方で、ドイツにも、実は心の中で「もうナチスやアウシュビッツなどの過去の反省話はこりごりだ」と思っている人たちがいるのも事実である。日本では、ドイツは過去を克服するためにさまざまな補償を払い、ナチスを否定する教育を徹底した立派な国だというイメージがあるが、そのドイツでも、国民国家、国民文化への憧憬《しょうけい》の念は生き続け、ナショナリズムへの回帰の願望は脈々と生きている。しかし、ドイツではこれを公の場で発言することは、ほとんどタブー視されてきた。

国民文化やナショナリズムを渇望するのは、一般市民、とくに低学歴層のイメージがあるが、そうではない。知識人や学者の中にも、ドイツ国民の誇りやアイデンティティを重んじ、ナチス以前の伝統や文化に接続しようとする保守派が存在し、一般市民から一定の支持と共感を獲得してきた。それらの人々と、リベラル・コンセンサス推進組とが衝突したのが八〇年代後半に話題になった「歴史家論争」である。当時、ドイツの保守派知識人やジャーナリストのグループが、ドイツの「過ぎ去らない過去」に苛立ち、ナチスの犯罪を、トルコ帝国のアルメニア人迫害、スターリニズムやポル・ポトによる大量殺戮《さつりく》を引き合いにして、相対化しようとする動きが出て話題になった。

この「歴史家論争」のリベラル陣営には日本でも有名な哲学者、ユルゲン・ハーバーマスらが、保守陣営には『フランクフルター・アルゲマイネ』紙共同編集人ヨアヒム・フェストや、ベルリン自由大学現代史教授エルンスト・ノルテらがおり、両陣営で激しい論戦が繰り広げられた。「リベラル・コンセンサス」の強い当時のドイツ社会では、表面上は歴史修正主義者たちよりハーバーマスらリベラル派を支持する雰囲気が強かった。しかし、ドイツ哲学者三島憲一によると、当時も、「水面下では、つまりメディアには現われない、日常の意識のなかでは」歴史修正主義への支持が多かったという。なぜなら、「日常生活の感覚によりフィット」した言葉を使う歴史修正主義者たちの議論の方が「少しずつ浸透していくのは、仕方がな」く、その意味でハーバーマスたちの議論は「全体としては敗色濃厚だった」という。

東欧の政情不安とともに一九八九年にベルリンの壁が崩壊、九〇年にドイツが統一されていく過程で、歴史家論争はいったん休止となった。しかし、その後まもなくくすぶり続けていたナショナリズムは復活した。ドイツは国家の統一とともに、民族的統一を達成したがゆえに、なおさらのこと、これまでの戦後のリベラルな価値とは逆行するようなナショナリズムを連想させる行為、たとえばドイツ国旗の掲揚、国歌の斉唱が一般市民の日常生活で堂々と実践されるようになっていった。それはまさに「現代史の大規模なタブーの解除」であり、「ドイツ・ナショナリズム」というパンドラの箱が開かれた状態にたとえられるかもしれない。

私は、それだからといって、今後、統一ドイツが再び全体主義になると言うつもりはまったくないし、むしろ、こうした時代にこそ、ドイツの「リベラル・コンセンサス」が改めて価値を発揮し、現在台頭する極右グループを押し返す様子も見てとれる。しかし、ドイツは統一後、「右翼」をどうするかという確実に新しい社会の課題を抱えることになったと言える。

近年では、日本でも大きく報道されたとおり、多数の難民受け入れに向けて、メルケル首相をはじめとする多くの政治家が、「リベラルなドイツ」というイメージを強調してドイツの国民意識を高揚させ、団結を訴えた。そうした政治的空気の中で、先に挙げたPEGIDAなど右翼市民運動は難民受け入れの「抵抗勢力」として台頭した。さらに、ギリシャ経済危機をきっかけに、欧州懐疑主義を標榜し、難民政策を批判する排外主義の大衆政党「ドイツのための選択肢(AfD、アーエフデー)」が結党され、二〇一七年九月の総選挙では連邦議会の第三党に躍進。九四もの議席を獲得した。PEGIDAやAfDが既存のメディアを「うそつき」と非難し、敵意を露《あら》わにする背景には、まずはこのようなドイツ社会を支配する、建前はリベラルで、ナショナリズムをタブー化したエスタブリッシュメントへの抵抗がある。

難民問題でつまずいたジャーナリズム

ドイツの大みそかは、友人同士集まってダンス・パーティや飲み会をする賑やかな日だ。年が変わる真夜中には、屋外で花火を打ち上げて祝うのが恒例である。二〇一五年から一六年に変わる大みそかの日、ドイツのケルン市でも例年どおり、新たな年を祝うために大勢の人が外出し、年の瀬を祝っていた。しかし、この年は、ケルン中央駅からケルン大聖堂の間の地域で、女性が痴漢行為あるいは強姦をされる事件が多発した。年が明けた翌週には数百件もの被害届が警察に提出された。目撃者の証言によると、この一連の事件の犯人は、「北アフリカ人およびアラブ人グループ」によるものだったという。ところが、この日の警察は多くの目撃者がいたにもかかわらず、犯人逮捕に完全に出遅れ、警察発表は「連絡不備」という説明に終始して、事件に関する情報をメディアにほとんど発表しないまま時間が過ぎていった。

こうした中、多くのリベラル・メディア、とりわけドイツの基幹メディアである公共放送（第1チャンネル、第2チャンネル、第3チャンネル）は、目撃者情報のみでは断定できないとして、「北アフリカ人およびアラブ人」という加害者の出自に関する情報を報道することを控えた。ここには当時、ドイツの最大の政治問題となっていた難民受け入れという政治的文脈に事件をつなげることを回避しようとする意図も働いていたのではないかと言われている。

公共放送のこうした報道姿勢に対して批判が集まるのに時間はかからなかった。公共放送は、政府の難民積極的受け入れ策を支持するために、あえてマイノリティを不利なイメージで報道しないようにする「沈黙のカルテル」があるのではないか、外国人に関するニュースには報道規制がかかっているのではないか、受信料を支払うに値する市民のための報道をしていないのではないか、などという厳しい声が、右派政治家や保守メディアから上がり、市民を巻き込んで大きな社会問題に発展した。

二〇一六年一月六日付の保守派新聞『フランクフルター・アルゲマイネ』は、「何を報道すべきかわからないのですか？」という見出しをとって公共放送の報道姿勢を次のように手厳しく批判した。

ケルンの事件は、若いアラブ人たちの問題だった。それなら、そのように報道すべきである。ネオナチも同様だ。しかし、両チャンネル(公共放送第1、第2)はそうではなく、(出自をめぐる報道で)視聴者の側に誤解が生まれるだろうと、視聴者の側への不信をテーマにしたのだった。

たしかに、公共放送のニュースでは、メディア研究者による「事件は(移民や人種問題に関して)誤解を招きやすい」というコメントを引用して、一般市民には正しく理解する能力がないと、自分たちがもっている情報を提供せず、市民のほうを疑っていたわけだ。「ジャーナリズムとは、政治的課題を明らかにするはずのもので、(議論を)回避するものではない」。保守系の同紙は、自主規制を優先し、言論の自由を犠牲にした公共放送に対して強い非難をした。

ジャーナリズムの職業倫理との葛藤

以上のように公共放送、およびその他のリベラル・メディアは、ケルンの一連の暴行事件の犯人の出自を報道しなかったために、強い批判に晒《さら》された。当時、抑制的に報道した理由はいろいろあるだろうが、私は、現場の記者たちは、いわゆる「政治的イデオロギー」もさることながら、戦後のドイツのジャーナリズムで築かれたリベラルな職業倫理に依拠していたところも大きいと考える。

ドイツには、新聞、雑誌、オンライン・メディアによって運営される「ドイツ・プレス評議会(Deutscher Presserat)」(以下、プレス評議会)という自主規制機関がある。この機関は、政府からの報道への介入を牽制《けんせい》し、自分たちの手で責任ある報道を実現しようと、一九五六年に設立された業界横断的団体で、新聞、雑誌、オンライン・メディアの言論を監督する。その主な仕事として、市民からの報道に関する苦情を受け付けて、その妥当性について審理をする。審理にあたっては、評議会が定めた一六条から成る「プレス・コード」をもとに、「譴責《けんせき》」「不適切」「指摘」の判断を下す。記事が譴責と判断された場合は、紙面にプレス評議会から譴責を受けた旨を掲載しなくてはならない。

プレス評議会は、ドイツの業界団体によって結成された言論・表現の機関であり、その効力には疑問を呈する声も大きい。とはいえ、ドイツの記者たちに一定の倫理的拘束力をもっている。いずれにしても、プレス評議会による「プレス・コード」は、戦後ドイツのジャーナリズム全体の倫理基準を定義する重要なルールと見なされている。

そして、そのプレス・コード一二条には、次のような項目がある。

何人《なにびと》も性別、障がい、および人種、民族、宗教、社会階層および国籍といった個人の出自や所属によって差別されるべきではない。

このプレス・コードは、一九七一年にドイツに駐留中の米軍兵士が起こした事件報道の中で、事件とは直接関係のない肌の色についての言及が問題になって加えられたものだった。以降、プレス評議会では、このプレス・コードに沿ってガイドラインが定められ、少数者グループに対する偏見や人種差別を助長する、報道の本題とは無関係な出自の描写を禁止してきた。また、その後九三年に、このコードに付帯されている実践ガイドラインには、ドイツ・シンティ・ロマ(「ジプシー」と呼ばれ差別されてきた、東欧を拠点としたエスニックグループを指す)協会の強い働きかけで「読者が報道された事件の経過を理解するために重要であるという正当な理由が認められない限り」という文言が加えられ、出自の描写が許容される範囲はさらに限定された。シンティ・ロマ協会は、この改正を根拠に、以降毎年多くの苦情をプレス評議会に申し立ててきた(『ツァイト』二〇一三年一〇月二日)。

他方で、このようなガイドラインは、基本法第五条の「意見表明・プレスの自由」の保障との関係で問題にされ、学者やジャーナリストたちの中から、廃止すべきだと主張する意見が再三出ていた。そして、二〇一五年から一六年の大みそかのケルン事件によって、このプレス・コードの解釈についての議論が再燃した。

改正されたプレス・コードのガイドライン

結局、一年以上の議論の末、二〇一七年五月三一日、プレス評議会は二〇年以上守られてきたこのプレス・コードのガイドラインを見直すことになった。その結果、容疑者や犯人が、人種や宗教をはじめとするマイノリティであるという言及は一般的には認められないものの、「根拠のある公共的関心」が存在すれば許されるという方針へと転換した。また、この新たなガイドラインにある、「公共的関心」の中身について、テロリズムや大規模事件、メンバーの大部分が特定の人種や宗教に属しているグループによる犯行の場合など、現場の記者たちから寄せられたさまざまな意見を取り入れて、具体的な実例や実践例とともに細かな指針が示された(次ページ参照)。こうして、プレス評議会は、ケルンの事件をきっかけに、グローバル化時代の新たな犯罪報道のあり方の指針を示した。それは、現代ドイツのジャーナリズムの倫理基

帯　実践原則ガイドライン(抜粋)

- 犯罪者あるいは容疑者が，犯行の際にその出自の独特の上下関係を利用した場合．例：犯人が盗難品を外国の販路に流している場合．特殊な上下関係が犯行を可能にしている場合(暗黙の了解，黙秘義務，一致団結の強制など)．容疑者が出身国において，あるいは出身国から，氏族構造を利用して逃亡している場合．
- 容疑者の帰属ゆえに，捜査のプロセスで特別な取り扱いをすることになった場合．例：外国籍であれば，外国への逃亡が容易になるため，捜査官が逃亡のおそれがあると判断して逮捕状を出した場合．容疑者がドイツ国籍の場合は，同等のケースでは逮捕状は出されない．
- 刑事訴訟手続きの際，容疑者の帰属が訴訟中に特別にテーマ化された場合．例：重大な傷害事件の刑事訴訟では，被告人の国籍の言及は，人物情報のためだけに留まらない．たとえば，被告人が，犯行に際して当人の帰属するグループの対立回避の伝統に従ったためという理由で弁護人が減刑を求める場合がある．

他方で，個人の過ちであったのにもかかわらず，帰属する出自を言及することによって，偏見を助長するリスクがある．それは，次のようなケースが考えられる．

- 特定のグループや出自に帰属していることを指摘し，その点が蔑みの言葉や表現とともに使われる場合．それは単に差別的なステレオタイプをつくり，そのグループを侮辱する．
- グループの帰属が，見出しや，反復によって，不釣り合いなまでに前面に出される場合．
- グループへの帰属がたんなる修飾として使われる場合．

表 1-1　プレス・コード 12 条(1)付

犯罪報道では，容疑者や犯人が特定のエスニシティ，宗教，その他のマイノリティのメンバーであることを言及することによって，罪が個人的な過ちであるにもかかわらず，そのグループ全体の差別につながらないように注意しなければならない．出自は，根拠のある公共的関心が存在しない限り，原則的には言及されてはならない．それを言及することで，マイノリティに対する偏見を助長しないように，とくに注意すべきである． (中略) しかしながら，犯人あるいは容疑者があるグループやマイノリティに属していると指摘することが根拠ある公共の興味関心であると言うためには，以下の事実のうちの少なくとも 1 つが存在しなければならない． • とくに重大か，あるいはその性質と規模が特別な犯罪のケース．例：テロリズム，組織的犯罪，殺人，拷問，爆破事件(たとえば，2017 年に起きた，人気サッカーチーム，ボルシア・ドルトムント専用バスの爆破事件)． • エスニシティや宗教，社会グループあるいは国籍などの出自の特徴を共有する人々が，看過できない割合を占めたグループが犯罪を犯したとき．例：2015 年／2016 年ケルンの大みそかの事件． • 犯人あるいは容疑者の経歴が，犯罪についての報道で意義をもつとき．例：犯人が難民で，移動の際にすでに同様の犯罪を犯していた場合． • 犯罪の型や頻度と，犯人や容疑者のグループの帰属先との関係が報道のテーマとなる場合．例：記者がある特定のグループの犯人による，特定の場所での特定の麻薬取引についてテーマ化するとき．

準の大転換だったと言える。

倫理観をめぐる論争は、各所で続いた。事件後、公共放送第2チャンネルが、ツイッターを利用して、こうした特定の出自をもつグループによる犯罪報道のあり方について意見を募集した。すると「報道のプロがそんなことを聞くのか」「公共放送ともあろうものが、深刻化した事態になったとたん、自分たちの仕事のやり方がわからなくなっちゃったの?」といった、怒りの声が次々に寄せられて、ツイッターは「炎上」した。

こうした論争の背景には、二〇一五年夏に、メルケル首相が「私たちはできる」と難民受け入れに積極的な姿勢を示し、その言葉に合わせて、保守、リベラルにかかわらず、ほとんどの主流メディアが一斉に彼女を支持し、難民に対して寛容な報道へと切り替わったことがある。そうしたメディアの姿勢は、人々にメディアが「政府側」あるいは「エリート側」「富裕層側」についたという印象を与え、実際に自分たちの住む小さなコミュニティに難民を受け入れる人々の側の不安を置いてきぼりにしてしまった。この傾向は、とくに経済的に苦しい旧東ドイツの地方都市で強い。

実は、この事件の前から少しずつ、「メディア不信」はくすぶり続けてきたと考えられる。というのも、ケルンの事件には前段があった。二〇一三年末から一四年初頭にかけてのウクライナ情勢報道だ。当時、ウクライナに関する報道も、「偏向報道」だったという苦情が多く寄せられていた。

ドイツにとって、ウクライナの情勢は、欧州大陸における戦争の可能性を示唆する深刻な事態であり、視聴者の関心も高い。しかし当時は公共放送だけでなく、『フランクフルター・アルゲマイネ』『南ドイツ新聞』『ツァイト』といった主要メディアはそろって「ウクライナ民衆運動側＝善、ロシア政府＝悪」という冷戦時の親米リベラル図式をもとに報道を展開した。しかし、この図式は正しくないことが、ネットを中心に広まっていった。

公共放送をはじめとするメディア側にはさまざまな言い分があるようだが、ウクライナ危機およびケルン事件の報道によって「メディア不信」を招いたことは認めている。現在、ニュース取材過程の透明化やバランスの取れた報道のあり方など、ジャーナリズムとしてやるべき仕事は何か、市民の共感と信頼を獲得できる報道とはどのようなものか、さまざまな見直しを進めているという。

しかし、そうした努力にもかかわらず、現代のドイツでは、主流メディアは、戦後のエリート層がリードした「リベラル・コンセンサス」に「偏っている」というイメージが定着し、右派を中心に「メディア不信」はくすぶり続けている。

右傾化ドイツのジャーナリズムの行方

ドイツのメディア制度では、英国や米国と異なり、制度設計のもとで「メディアの自由」に一定の制限が設けられていることは述べた。そうした制度的背景および歴史的経緯もあって、極端な政治思想やイデオロギーを代弁するメディアはほとんどなかった。先に参照したロイター・ジャーナリズム研究所の『デジタル・ニュース・レポート二〇一七』でも、アンケートの結果、ドイツ人は政治信条が分極化しておらず、メディアにも「中庸」を求める傾向が強い。

ヴュルツブルク大学経済ジャーナリズム研究のグループが二〇一四年と一五年のEU世論調査、ユーロ・バロメーターのデータをもとに分析したところ、ドイツの場合はとりわけ、政党に信頼を置く人々がメディアにも信頼を置いているという。ただし、これを言い換えると、メディアのニュースは、メジャーな政党に関心のある人、関わっている人たちには到達するが、そもそも政党を重視しない人、政党政治システムに信頼を置かない人は、メディアに関心が薄いか、信用しないということになる。

ドイツの政治には、いわゆる「五%条項」という規則がある。これは、連邦議会の比例代表で政党が議席を得るのは、政党に投じる票の合計有効得票のうち、五%以上を獲得するか、あるいは候補者に投じる票のうち、小選挙区で当選した候補者が三名以上いる政党に限られるというものだ。これは別名、阻止条項とも呼ばれ、小政党の乱立を阻止し、政権担当能力のある多数派を形成しやすくし、議会機能を確保するためのものと説明されてきた。この条項があるために、ドイツでは、一時的に大衆の人気を集めたグループが議会に進出し、議場を無用に分裂させるといった、政治をポピュリズムに陥れる動きは制度的に排除されるよう設計されている。この五％条項も、戦前のナチス台頭の反省に立って制定されたものだ。しかし逆に言うと、ドイツでは、無党派や小政党支持者は、ほかのどの国よりも周縁化される傾向が強い。

以上をまとめると、この国では新たな政党を結成して議会に代表を送ることは容易ではなく、社会民主党（ＳＰＤ）、キリスト教民主同盟（ＣＤＵ）、自由民主党（ＦＤＰ）に代表されるような伝統的な政治政党による政治が主流である。さらに、新聞やテレビなどの主要なメディアも、そのような主流政党の支持者やシンパたちを読者や視聴者に想定している。これは逆の言い方をすれば、ドイツの政党に属さない周縁化された声は、政治ともメディアとも縁が薄く、声を政治に反映させる回路も機会ももてなかった。そうした声は必然的に、既存メディア以外の場所、主にネットに流れていくことになる。そしていま、ドイツでも徐々に小政党が台頭し、これまでの政党政治システムを攪乱している。

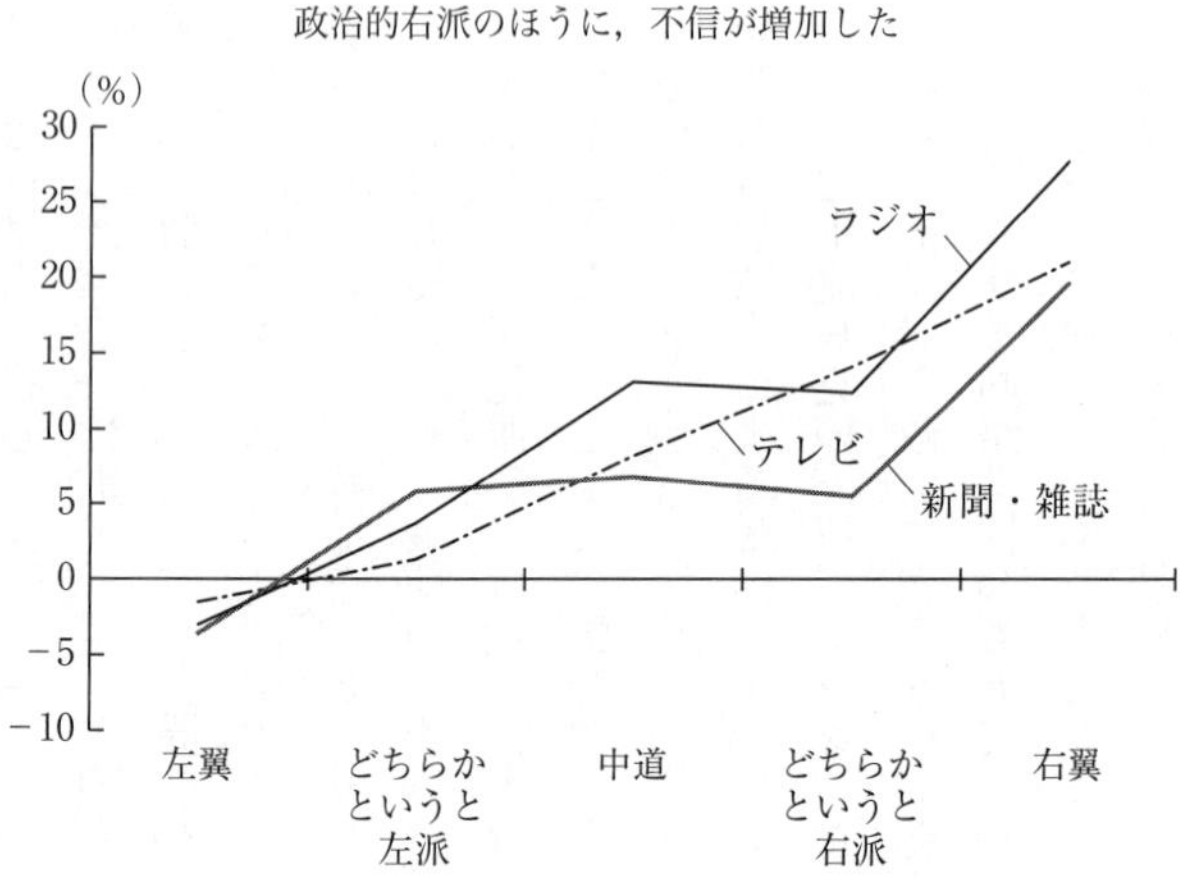

（出典） Otto and Köhler, "Wer misstraut den Medien?" Sept. 5, 2016 をもとに筆者作成

図 1-3　ドイツにおける政治信条ごとの 2014 年と 15 年のメディア不信の差分

ヴュルツブルク大学の研究を再び引用すると、ドイツでは、二〇一四年から一五年にかけて自らを「右翼」あるいは「どちらかというと右派」と考えるグループのほうにメディアを信頼しないと答える割合が増えた(図1-3)。二〇一五年の数字では、自分の政治信条を右派と考えている人々の中で新聞・雑誌を信用しないと答えた割合は八二％、テレビは六八％に上った。これは、左派と答えた人たちと比べると圧倒的に高い(新聞・雑誌＝五八％、テレビ＝四八％)。

さらに「ドイツ政府が難民を助けることに賛成か」と問うたところ、「全く賛成しない」と答えた人の中でメディアを

「信頼しない」と答えた人は新聞・雑誌で八五・五%、ラジオは七六・六%、テレビは七八・三%に上った。これに対して「難民を助けることに大いに賛成」と答えた人は新聞・雑誌で四一・五%、ラジオは二七・六%、テレビは三六・五%のみが「信頼しない」と答えている。

同研究グループは、回答者の経済状況についても注目した。二〇一五年は、ドイツでは全体的に「自らの経済状況は改善した」と見る人が増えたが、メディアの信頼との関係を見ると、自らの経済状態は「非常に悪い」「どちらかというと悪い」と答えた人たちのほうが、メディアを「信頼しない」と答えた割合が高い。経済状態が「非常に悪い」と答えた人たちの中で、新聞・雑誌を信頼しないとした人は七八・九%、ラジオは六〇・五%、テレビは七一・一%だった。これに対して、経済状態が「非常によい」と答えた人では、新聞・雑誌を信頼しない人は四三%、ラジオは三一・七%、テレビは三四・八%にとどまっており、圧倒的に低い。

以上、ドイツでのメディアの信頼は高いとはいえ、その中身を詳しく見ると右派的思想の持ち主であるほど、また、経済状態が芳《かんば》しくない者であるほど、メディアを信頼していないことが調査で明らかになったのだった。つまり、ドイツのメディアは、戦後の「リベラル・コンセンサス」の中で育ち、政治的にリベラルで経済的に裕福な社会の主流派グループのものである。そんな様子が伺われる結果となった。

その一年後、ヴュルツブルク大学による調査の結果、二〇一六年には下げ基調だったドイツのメディアの信頼度は上がった。とくに、前年にメディアに否定的だった右派の人たちの信頼度が回復したという。一四年にPEGIDAやAfDがドイツのメディアの中で存在感を増し、こうした団体が「うそつきプレス」と叫ぶシーンとともに「メディア不信＝右翼」のイメージが定着した。そのことから、一般の市民がメディアに対して不用意に敵対的な態度をとることを控えるようになったのではないかと研究者たちは推測している。メディアの方も、右派を意識して、不用意に左派の意見のみ掲載することは減ったという。

ドイツではいまのところ、政治意見が極化していくと、どこかでブレーキがかかるような仕組みがある。ソーシャル・メディアの利用割合も低く、政治的意見形成は大手の主流メディアの報道をとおしてなされ、また、大手主流メディアの意見傾向も、英米のように極化していない。しかしながら、少しずつ、政治的右派からの攻撃とともに、戦後の「リベラル・コンセンサス」の伝統は崩されている。

二〇一七年九月の総選挙では右翼政党AfDは連邦議会に進出した。AfDの選挙キャンペーンには、米国テキサスに拠点を置くハリス・メディア社が関わった。このPR会社はトランプ大統領の選挙キャンペーンや、英国独立党のEU離脱キャンペーンにも関与したことで知られている(「シュピーゲル・オンライン」二〇一七年八月二六日)。AfDのほか、ネオナチのシンパであり白人至上主義のドイツ国家民主党(NPD)も地方議会に進出を果たしている。

AfDの台頭とともに、たとえば『コンパクト(COMPACT)』という急進的右翼雑誌が二〇一六年に発行部数八万部(同誌発表)を記録し、頭角を現している。この雑誌は、毎号煽情《せんじょう》的な表紙と見出しが売り物の一つだ(図1-4)。そのキャッチフレーズは「真実への勇気」。雑誌だけでなく、ユーチューブのチャンネルももっており、番組の視聴回数は総計で九〇〇万回を超えたという(『ツァイト』二〇一六年六月一八日)。

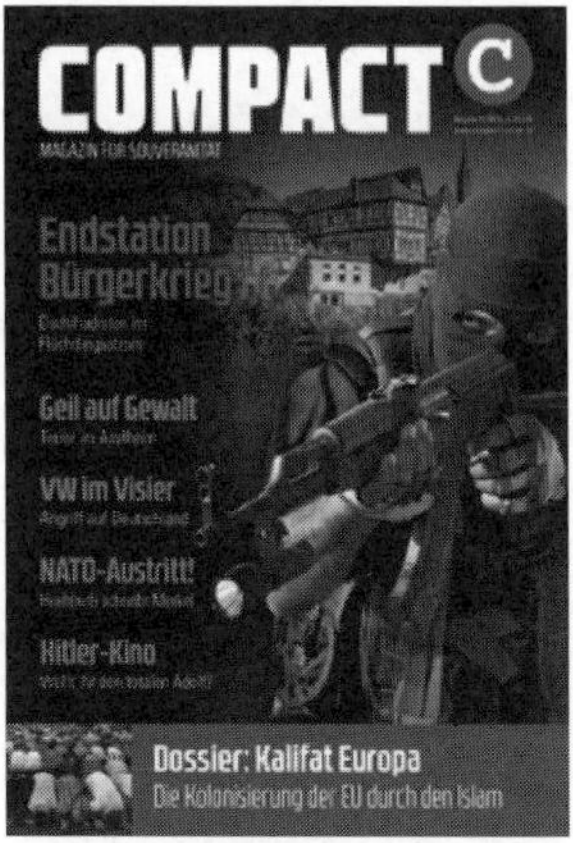

図1-4　右翼雑誌『COMPACT』2015年11月号表紙
「内戦の終着駅」という見出しで，大量難民の受け入れによってドイツにテロリストが入ってくると警告している

ドイツの右傾化の動きが、伝統的にリベラルなドイツのメディア空間に今後どのような影響を与え、言論・表現のあり方を変え、社会を変えていくのか。右派勢力の台頭がより強く政局に表出した、英国や米国の動向を見て、さらに考えていきたい。

第2章

大衆紙の虚報とBBCの公平性
——英国のEU離脱決定

EU離脱

英国はEUの中核だ。その国がEUを離脱するとは――。国民投票によるEU離脱の決定は、世界中を驚かせた。もともと、EUの是非を国民投票で問うことにもち込んだのは、残留を訴えていた当時のデーヴィッド・キャメロン首相だった。彼は英国のEU残留意思を国民投票で確認することによって、保守党党内の基盤強化を図り、EUに懐疑的な保守党支持者層が英国独立党(UKIP)に流れていかないようにつなぎとめ、支持率を回復することを狙っていた。国の命運を賭して自らの支持回復を狙ったが、民意を完全に読み誤って残留派は負け、キャメロン首相は辞任した。

実際、一般市民の日常生活において、EUに加盟しているとどんな利点があるのか。「自分たちが一生懸命働いて稼いだカネが税金として召し上げられ、どこか怠け者の南の国の債務超過を助けるために使われてしまう」という通俗的感情はドイツや英国、フランスなど「EU主要先進国」で長らくくすぶり続けてきた。また、近年ではEUの重要理念の一つである「移動の自由」は「移民難民が次々と押し寄せる」原因と見なされ、不安感につながっている。さらには、ＥＵ高級官僚（ユーロクラートと揶揄される）たちへの妬みと怒りも「ＥＵ談義」の定番である。私も、ドイツに住んでいたとき、「ＥＵ官僚はね、たっぷり高い給料をもらって、おまけに税金も払わなくていい。老後の年金もがっぽりだ。いいご身分さ」という話をいろいろな席で何度耳打ちされたことか。

現在のＥＵの仕組みは、ブリュッセルにある欧州委員会が政策執行主体であり、ここに実質的な政策決定権限もあると言ってよい。しかし、この委員会で働く官僚たちは、選挙によって選出されず各国政府からの任命による。ＥＵには、各国から直接選挙で選出される議員から成る欧州議会があるものの、欧州委員会の権限は議会より強く、さまざまな政策決定過程は不透明で民主的正当性が不足している。これが、ＥＵが「民主主義の赤字」状態だと言われているゆえんだ。

とくに、だれによってどのように決定されているか、不透明感が拭えないまま策定される「ＥＵ指令」は、ＥＵ各国の国レベルの立法措置を拘束し、各国社会に影響力をもつ。今回、ＥＵ離脱派の最先鋒である英国独立党のキャンペーン・スローガンの一つに「ブリュッセルから（英国を）取り戻そう（Take back control from Brussels）」があったが、これはそうした不満を表現したものである。

「民主主義の赤字」批判を意識して、EU側もNGOを政策立案過程に参加させる仕組みをつくったり、EUキャンペーンのバスを仕立てて各地を回って対話集会を開催したりとそれなりに努力をしてきた。しかし、いずれも一般市民にEUの利点を実感してもらうまでには時間がかかり、「遠い」「お高い」「関係ない」というイメージは容易には払拭できない。これに対して専門家からは、そもそもEUは超国家体を制御する、いわば抽象的かつ専門的な機関であるため、一般市民に説明をして理解を促すのは難しいし、直接民主制にも馴染まない機関であるという意見もある。とはいえ、政治権利意識の強い欧州において、EU機構全体は各国の市民に対してアカウンタビリティ(透明性と説明責任)を負わざるを得ないだろう。

EUとメディア

メディアの重要な役割は、権力の監視をすることだが、果たして欧州各国のメディアが欧州委員会や欧州議会を監督しているかと問われると、難しい。伝統的に、各国のマスメディアはナショナルな枠組みで編制されており、自国の政治権力や企業などに対するチェック体制はもっているものの、ブリュッセルやストラスブールにあるEU権力を正当に監視する体制は手薄だ。先ほど述べたような馴染みのなさゆえに、ニュース価値も少なく、調査報道につながるような記者たちの動機付けもいま一つだ。ＥＵの報道は、国内的な重要性や話題性がない限りはたいしたニュースにならない。

例外は、ＥＵにまつわる根も葉もない噂話や冗談話だ。欧州では、ＥＵという馴染みのないエリート機構に対して、デマや噂が絶えない。一例では、バナナやキュウリのカーブの角度を規格化する、皮膚がん予防のために野外のビアガーデンのウエイトレスたちは胸の谷間を露出してはいけない、安全性のため二階建てバスを禁止する、コンドームの大きさはＥＵ統一規格になった、といった類だ。その発信元として有名なのが、英国の労働者階級を中心に読まれている大衆紙である。これらの大衆紙は、古くは欧州経済共同体（ＥＥＣ）時代から欧州懐疑主義で鳴らす。『デイリー・メイル』『サン』などは、「反ＥＵキャンペーンを繰り返し、アンチ・ヨーロッパ観はこれらの新聞のアイデンティティの一部でさえある」（ロイター・ジャーナリズム研究所）と言われており、事あるごとにＥＵ行政の奇妙きてれつなエピソードやＥＵ指令をおもしろおかしく報じてきた。

ＥＵ側もこれに対抗して、誤解を「ユーロ神話（Euromyths）」と称して、こうしたデマをリストアップし、否定するサイトまでつくっている。サイトを眺めていると、よくもまあこんな話が出てきたものだと感心するくらい、先に挙げたようなおかしな数えきれないデマやうそが並んでいる。

もちろん、英国にも、『ガーディアン』や『フィナンシャル・タイムズ』など、親欧州派の新聞もある。これらの新聞のほとんどは、いわゆる「高級紙」と呼ばれており、記事も格段に長く、英語も難しい。読むには高い教育程度が要求され、いわゆるエリート層や指導者層、知識階級が対象だ。それだけにお高く止まったイメージが強く、一般大衆を遠ざけている。つまり、階級社会と言われる英国では、新聞は、階級アイデンティティに対応してつくられている。これは前章で扱ったドイツにも言えることで、欧州全体の傾向でもある。

図2-1は英国の新聞発行部数であるが、上から五紙は高級紙と呼ばれる各紙だ。ごらんのとおり、この五紙の発行部数は少ない。スノーデン事件を全世界にスクープしたことで有名な『ガーディアン』は英国を代表するリベラル左派の新聞であるが、紙の発行部数はわずか一五万部ほどしかない。高級紙五紙合計の発行部数は一五三万部弱。これに対して『デイリー・エクスプレス』以下、いわゆる中級一般紙(ミッド・マーケット紙)と大衆紙五紙の合計発行部数は四五八万部ほどで、高級紙合計の約三倍に上る。英国は、量からすれば圧倒的に「大衆紙」の国である。

次に、各紙の読者層を見てみよう。英国の広告会社と新聞・雑誌産業でつくっている業界団

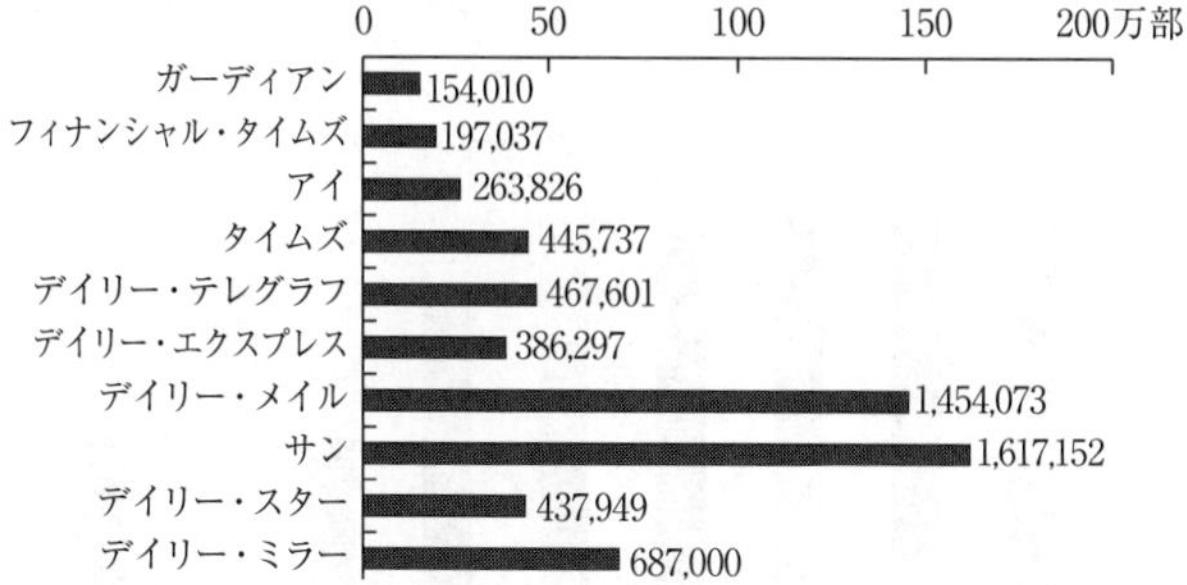

（出典） ABC，2017 年（http://www.newsworks.org.uk/Market-Overview）

図 2-1 英国の紙の新聞発行部数

体「ナショナル・リーダーシップ・サーベイ」の調査によると、明らかに高級紙は中・上流階級、中級一般紙・大衆紙は労働者階級向けである（図2-2）。

余談になるが、日本では、読売新聞が長らく「発行部数一〇〇〇万部」と宣伝をし、その他の新聞も公称で朝日新聞が八〇〇万部、毎日新聞六〇〇万部など、一〇〇万部単位の部数を世に誇ってきた（正確な実売数は企業秘密なので不明。現在はこれらの数字よりはかなり落ちていることが推測される）。このように、日本では新聞発行部数が多いことが新聞の名声の高さを示す指標のように受け止められてきたが、英国をはじめとする欧州各国では、部数とジャーナリズムの質は反比例すると考えられている。つまり、質の高い新聞ほど、発行部数は少ない。これに対して大衆紙は、セックス、犯罪、スキャンダルなど、売り上げが伸びそうな話題をセンセーショナルに取

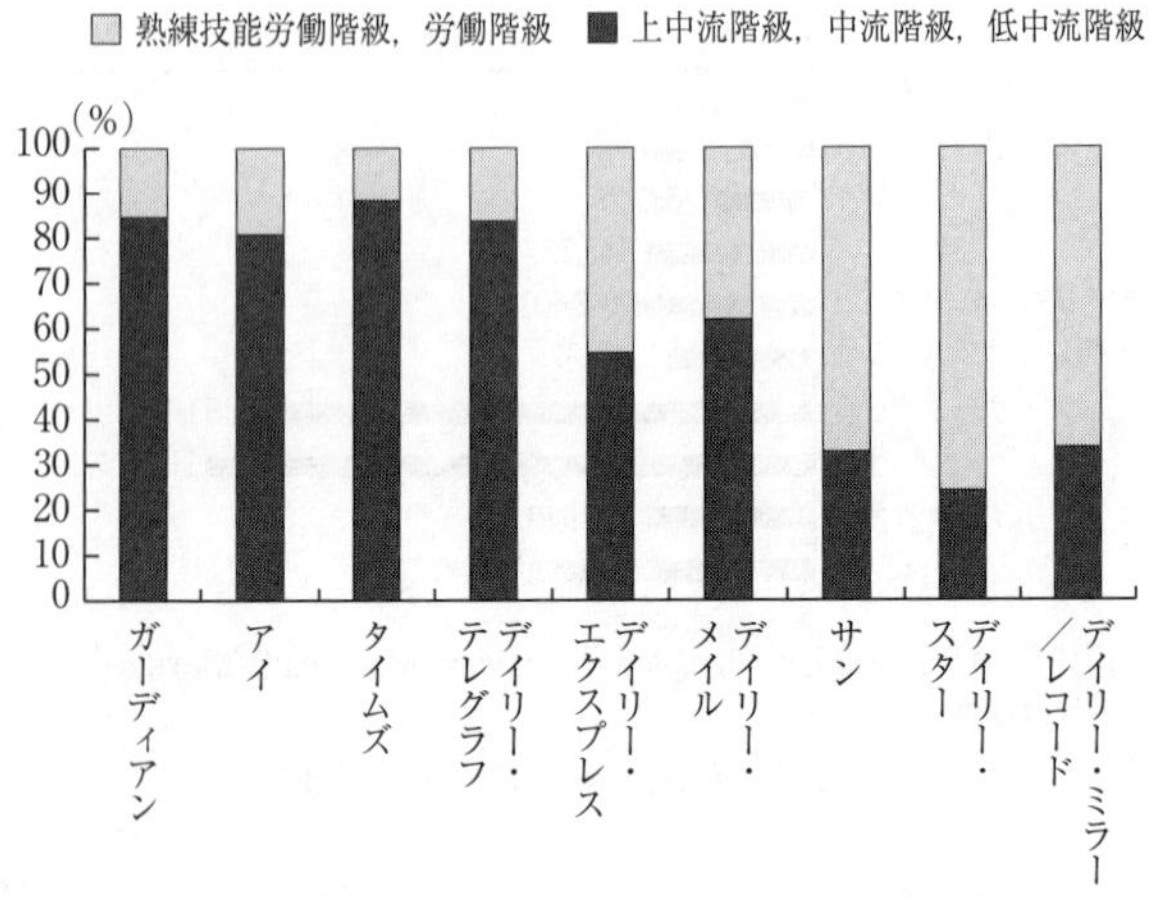

（出典） National Readership Survey (http://www.nrs.co.uk/latest-results/nrs-print-results/newspapers-nrsprintresults/)をもとに筆者作成

図 2-2 英国全国紙の読者層(2016年4月〜2017年3月，週日)

り上げ、「フェイク・ニュース」さえいとわない姿勢で発行部数を伸ばしてきた。そういうわけで、海外の要人の取材の場で日本の全国紙記者が自分たちの「メジャーさ」を示すために発行部数を言ったら、それ以降まともに相手にされなくなったという、日本の新聞社幹部は笑えない笑い話があるくらいだ。

ネットよりも低い新聞への信頼度

これまで見たとおり、大衆紙はジャーナリズム倫理の順守など二の次、売り上げ第一の商業主義で時の話題性をさらうことが目的である。そのため、英国における「メディア不信」の源となってきた

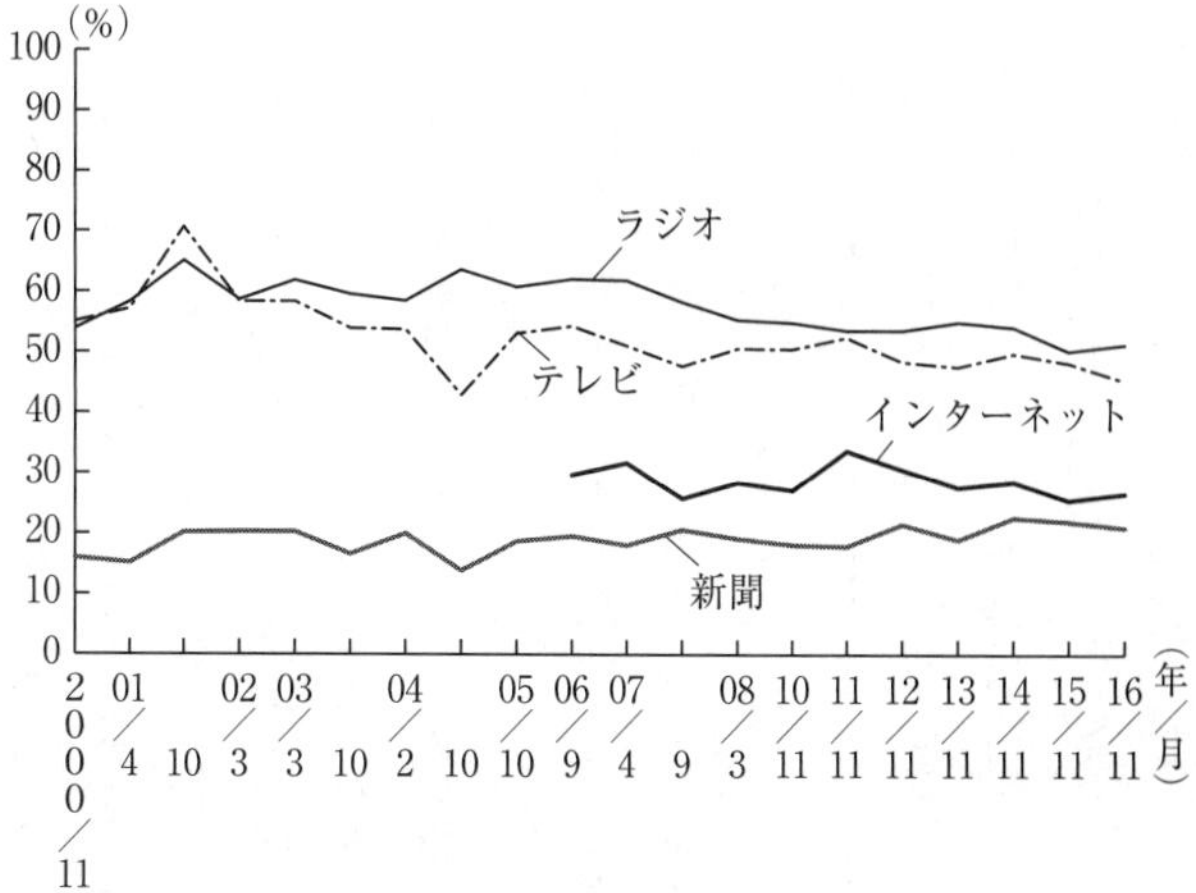

(注) 「信頼している」「どちらかというと信頼している」を合わせた割合
(出典) ユーロ・バロメーター

図2-3 英国メディアの信頼度

と言ってよい。毎度の調査でも、新聞の信頼度はほかのメディアに比べて圧倒的に低い。EU世論調査「ユーロ・バロメーター」のデータ(図2-3)で見ると、英国では、新聞の信頼度がネットよりも低いのである。これは、大衆紙が、EUのデマをはじめ、多くのセンセーショナルな報道やスキャンダル、党派的なイデオロギーに基づく極論、およびゴシップなどを掲載し、社会問題にさえなってきたことが影響している。

これに対して、英国でもっとも信頼されているのはBBCである。

英国では日本と同様、放送には公平性原則が存在し、内容の公平性(impartiality)やバランスについては、英国コミュニケーション委員会(Office of Communication, Ofcom)が監督をすることになっている。したがって、免許制度で内容にも基準が設けられている放送(ラジオ、テレビ)のニュースは、公平性への配慮がなされ、信頼度も圧倒的に高い。これに対して、新聞や雑誌については、基本的に公序良俗や名誉毀損などの最低限の報道倫理を破らない限り、内容に規制はない。したがって、新聞や雑誌は、高級紙であれ大衆紙であれ、政治的主張にかなり強い党派性がある。また、大衆紙は先に述べたとおりセンセーショナルなスキャンダルやゴシップを得意とする。

英国の大衆紙への不信と聞くと、読者の中には、二〇〇〇年代はじめに発覚した英国の大衆紙による一連の電話ハッキング・スキャンダル事件を思い出す方もおられるのではないかと思う。この事件の結果として、二〇一四年に従来の新聞・雑誌のための自主規制機関であるプレス苦情委員会(Press Complaints Commission, ＰＣＣ)は、新聞産業界からさらに独立性を高めて、「独立プレス基準組織(Independent Press Standards Organisation, ＩＰＳＯ)」へと改組された。

ＩＰＳＯは、内部告発受付窓口を設け、定められたプレス・コード(新聞・雑誌が守るべき倫理基準)に違反した場合、一〇〇万ポンド(約一億二〇〇〇万円)までの罰金を科すこともできる仕組みをつくるなど機能強化をし、新聞や雑誌の信頼回復のための起死回生を図った。しかし、すべての新聞社がこの組織に参加しているわけでもなく、また審理には数か月を要するため、今回の国民投票キャンペーンでも、数々の誤報や虚報が提訴されたものの、IPSO側の対応も追いつかず、ほとんどの審理は投票結果が出てからとなった。逆の見方をすれば、世間を騒がせ、また国を揺るがした盗聴事件スキャンダルのあとだったにもかかわらず、英国の大衆紙は懲りていないと言わざるを得ない。こうして、EU離脱派の政治家たちは大衆紙をうまく利用しながら世論をEU離脱に仕向けていったのだった。

EU離脱キャンペーンと「フェイク・ニュース」

欧州懐疑派の大衆紙は、今回のキャンペーンでも誤報やデマを飛ばした。もっとも代表的なのは『サン』紙の「女王は離脱派を支持している」というニュース（図2-4）。これはバッキンガム宮殿がIPSOに提訴し、正確性に欠くと裁定され、同紙は後日、一面でIPSOの裁定結果を掲載し、訂正した。

そのほかにも、『デイリー・テレグラフ』紙は、二〇一六年五月一三日に、英国に滞在する移民の数は公式の九〇万人ではなく二四〇万人であり、「公式の移民数と真実とのギャップはグランド・キャニオンの谷ほどひらいている。我々は謝罪されるべきだ」と一面写真つきの大

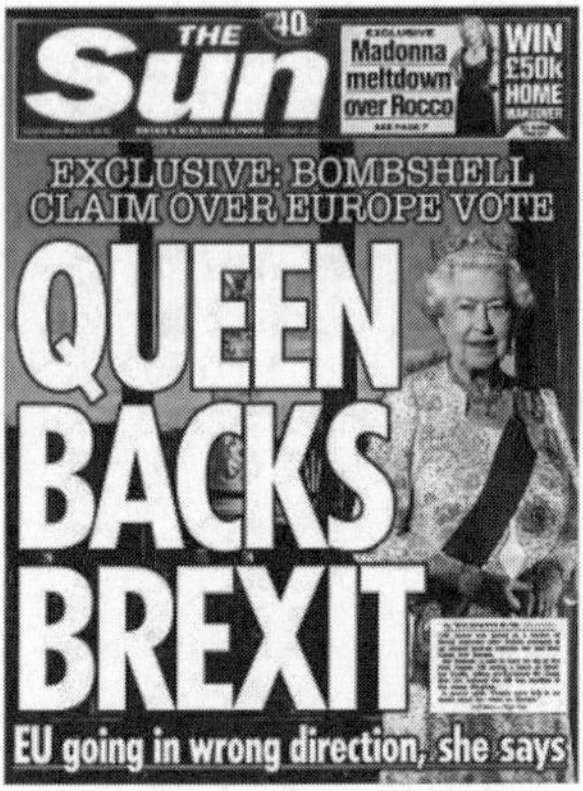

図 2-4　『サン』紙 2016 年 3 月 9 日の一面

見出しで報道した。実情は、『テレグラフ』紙が一年未満の短期滞在者数も「移民」としてカウントしたので、的外れな数字になった。後日、IPSOに提訴され訂正されている。

このほか、欧州内の移動の自由を利用して、ISISのテロリストたちが各地にアジトをつくっている、NHS（英国国民健康保険システム）が大量の移民のために破産寸前だ、EUを離脱すれば、一〇倍の人数のテロ容疑者が入国するのを防げると法務大臣が指摘したなど、根拠のないニュースが大きな見出しで報道された。いずれもIPSOに提訴され、一部は訂正されているが、訂正は投票後だった。いわば「あとの祭り」で、報道した者勝ちという印象は否めない。

大衆紙の影響力

実際、こうした大衆紙の影響力はどのくらいのものなのか。

英国ラフバラ大学コミュニケーション文化研究センターの調査によると、今回の国民投票では、新聞市場の意見傾向は真っ二つに分かれていることがわかった。同センターが二〇一六年五月六日から六月八日までの週日の記事について、量的な内容分析調査をしたところ、残留派の立場では、『フィナンシャル・タイムズ』『ガーディアン』『デイリー・ミラー』『アイ』『タイムズ』の順に残留派の記事が多く、離脱派では『デイリー・エクスプレス』『デイリー・メイル』『デイリー・スター』『サン』『デイリー・テレグラフ』の順で離脱派記事が多かった。また、離脱と残留の割合を記事本数をもとに計算すると、五九％が離脱派の記事、四一％が残留派の記事になるという。しかし、先にも述べたとおり、各紙の間には大きな発行部数の違いがあるため、発行部数の高低に応じた「重み付け」(つまり、当該紙の記事数のカウントだけでなく、その新聞の発行部数を掛け合わせて全体のインパクトを調整する)をして計算すると、離脱派の言論と残留派の言論との比率は、八二対一八となり、離脱派の言論が極端に大きな比重を占めていたことが明らかになった(同大ホームページ、二〇一六年六月二二日付記事より)。

ラフバラ大学の調査だけでなく、ロイター・ジャーナリズム研究所も、キャンペーン記事の調査をしており、同様の結論に至っている。同研究所は、二〇一六年二月二〇日から六月二三日までの国民投票のキャンペーン期間の九つの英国主要全国紙のロンドン版を調査した。ラフバラ大学と同様、国民投票に関連する記事の本数、そこに登場する人物などを調べ、ＥＵ離脱か残留かの意見傾向のデータを内容分析した(分析対象記事数合計三四〇三本)。それによると、記事の四一%が離脱側をサポートし、残留側の記事は二七%にとどまった(残りの三二%は離脱派、残留派どちらでもないもの)。これを新聞の発行部数などで重み付けすれば、離脱側の記事の割合は全体で四八%、残留側は二二%となり、やはり明らかにEU離脱側に偏っていた。同研究所は、新聞はテーマ設定力、つまり話題提供という役目があるため、こうした「偏り」が投票結果に影響した可能性が高いことを指摘している。とりわけ英国の新聞の主流は全国紙であり、英国全体に影響力を及ぼすことが指摘されている。

ラフバラ大学はまた、キャンペーン中のテーマの変遷についても調べている。それによると、新聞、テレビにかかわらず、国民投票キャンペーン報道の前半は、経済やビジネスに関するテーマが重点的に取り上げられていた。しかし、終盤になって話題が「移民」へとシフトした。**図2-5**で見るとおり、二〇一六年五月までは、「経済・ビジネス」が圧倒的に優勢な話題であったが、六月以降は、移民問題のほうがクローズアップされていった。これは、「離脱派」のテーマ設定力によると分析している。

なお、新聞の論調とは別に、二〇一五年、一六年のEUユーロ・バロメーターの世論調査の結果を見てみたところ(**図2-6**)、当時の英国では、経済やビジネスよりも移民問題のほうが

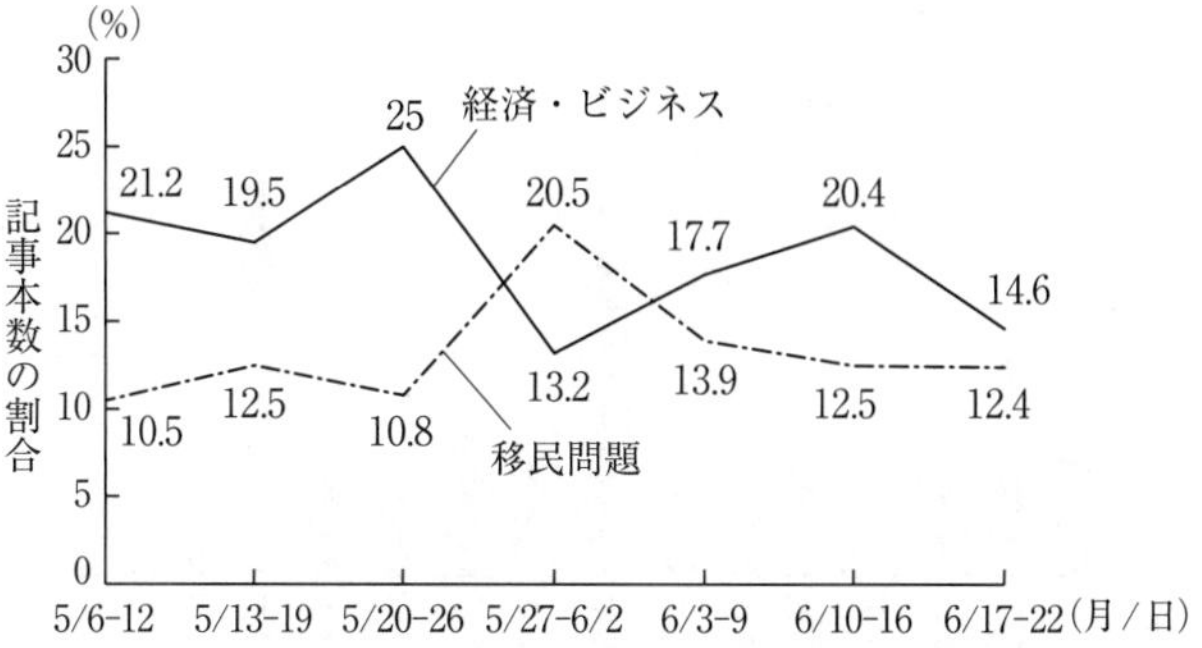

(出典)　ラフバラ大学コミュニケーション文化研究センター, "Media Coverage of the EU Referendum (report 5)", June 27, 2016

図 2-5　英国国民投票前のメディアにおけるテーマ別報道量の推移(2016 年 5 月 6 日〜6 月 22 日)

「国にとってもっとも重要な課題」と答えている人の割合が高い。多くの一般市民は、自分たちの懐具合や生活とはあまり関係のない国家経済には関心が向いておらず、むしろ失業への関心が高かった。こうした数字を合わせて検討してみると、たとえデマや虚報があったとしても、EU離脱派の新聞のほうが自分たちの関心に応えてくれると感じた市民が多くいたのだろう。政治・経済・文化的エリートが読む高級紙よりも、わかりやすく感情的な大衆紙のほうがすんなりと心に響く。わかりやすい見出し、短い文章、大きな写真とともに、人々のニーズに応える姿勢が相乗効果を生んで、EU離脱の世論形成に導いたと考えられる。

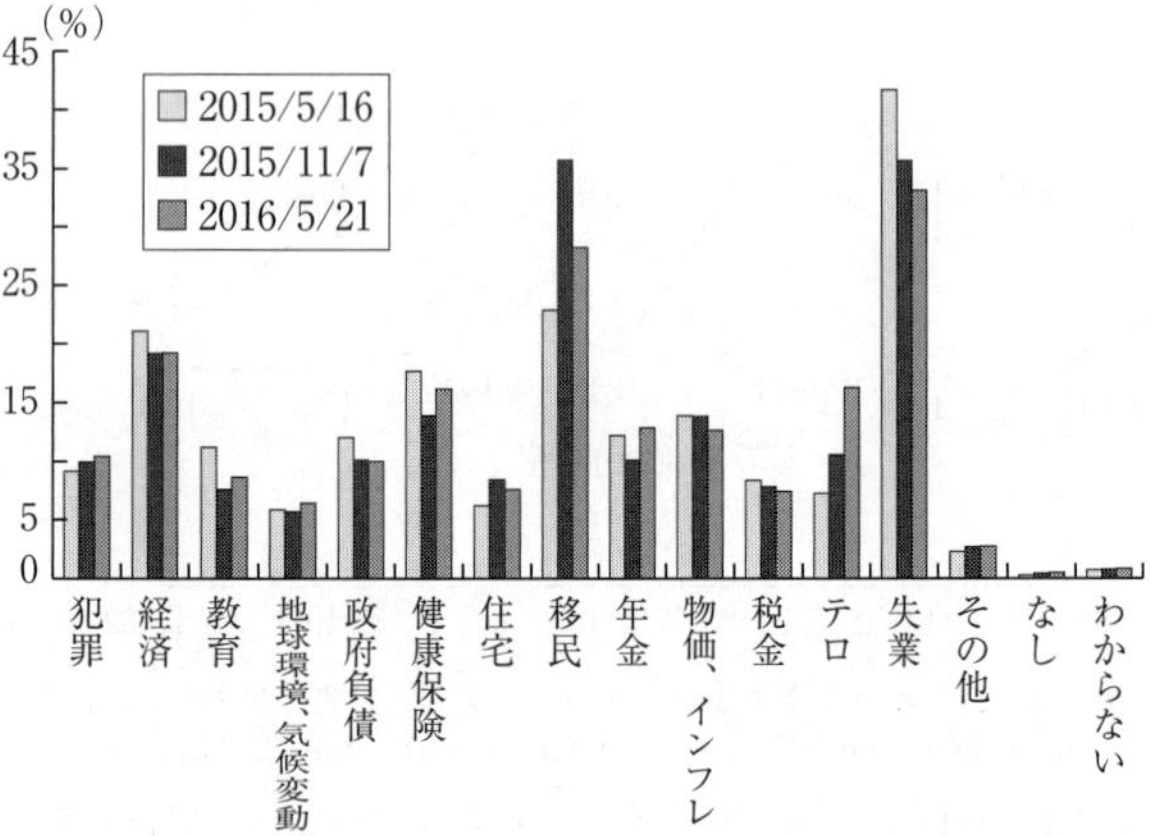

(出典) ユーロ・バロメーター

図2-6 EU調査「あなたの国(英国)にとってもっとも重要な課題を2つ挙げてください」

分断される社会、戸惑う一般市民

ここまで、英国のEU国民投票報道の動向を見た。では、そうした報道を受け止める社会の側はどうなっていたのか。国民投票の出口調査からは、分断された英国社会の様子が浮かび上がってくるので紹介したい。

まず、EUに残留か離脱かは、世代によって大きく意見が分かれている。英国元上院議員のジョン・アシュクロフト卿の調査サイトでは図2-7の結果が掲載されている。英国では新聞読者に高齢層が圧倒的に多いことがわかっており、離脱派を擁護する新聞言説と高齢層の離脱支持とは相互補完的関係にあると言えよう。

次に、英国で社会問題となっているさまざ

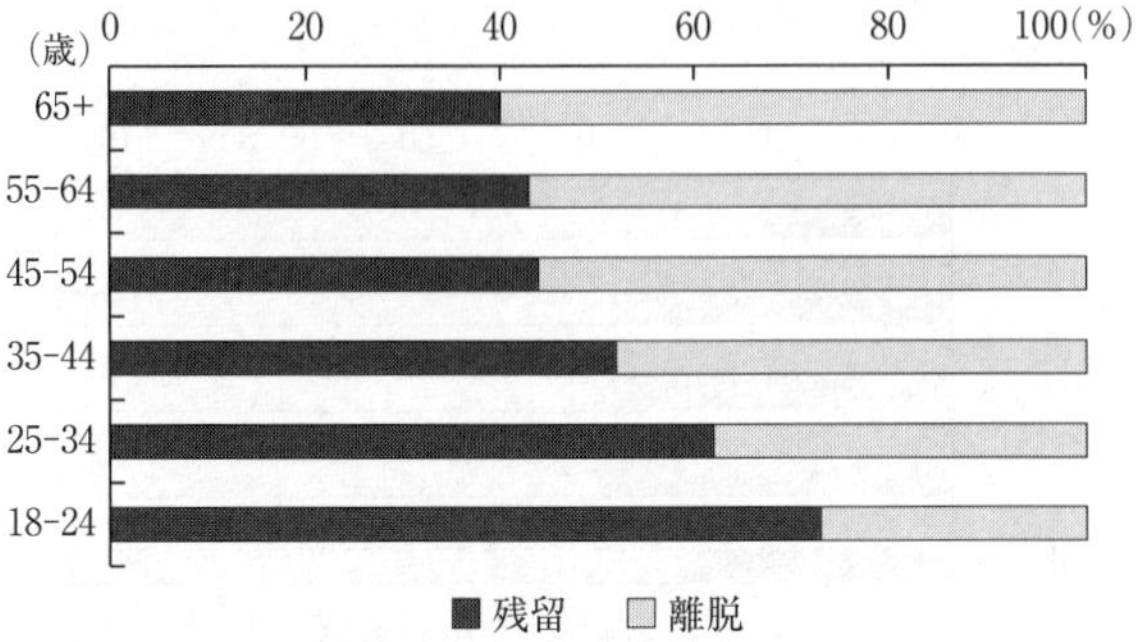

(出典) Lord Ashcroft, "How the United Kingdom Voted on Thursday… and Why", June 24, 2016

図 2-7　年齢層が高いほど，離脱賛成者が多い

まな争点についても、離脱派と残留派では見解が二分していると言ってよい。図2-8は、「移民」「グローバリゼーション」「環境運動」「フェミニズム」「多文化共生」など現代社会のさまざまな争点について、社会にとって恩恵のある動きか、そうでないかを尋ね、その回答者のうちのEU離脱派と残留派の内訳を示したものである。

この調査結果を見れば、移民やグローバリゼーション、環境運動やフェミニズム、多文化共生などのいわゆる「リベラル左派の社会テーマ」を社会発展の積極的な要素と考えている人のほうがEUにも肯定的である。逆にこうした社会運動や争点を問題視している人たちはEU離脱を願っていることがわかる。つまり、英国では、EUという機構は、リベラル派の間で共有されている諸価値が凝集されたシンボルとも理解で

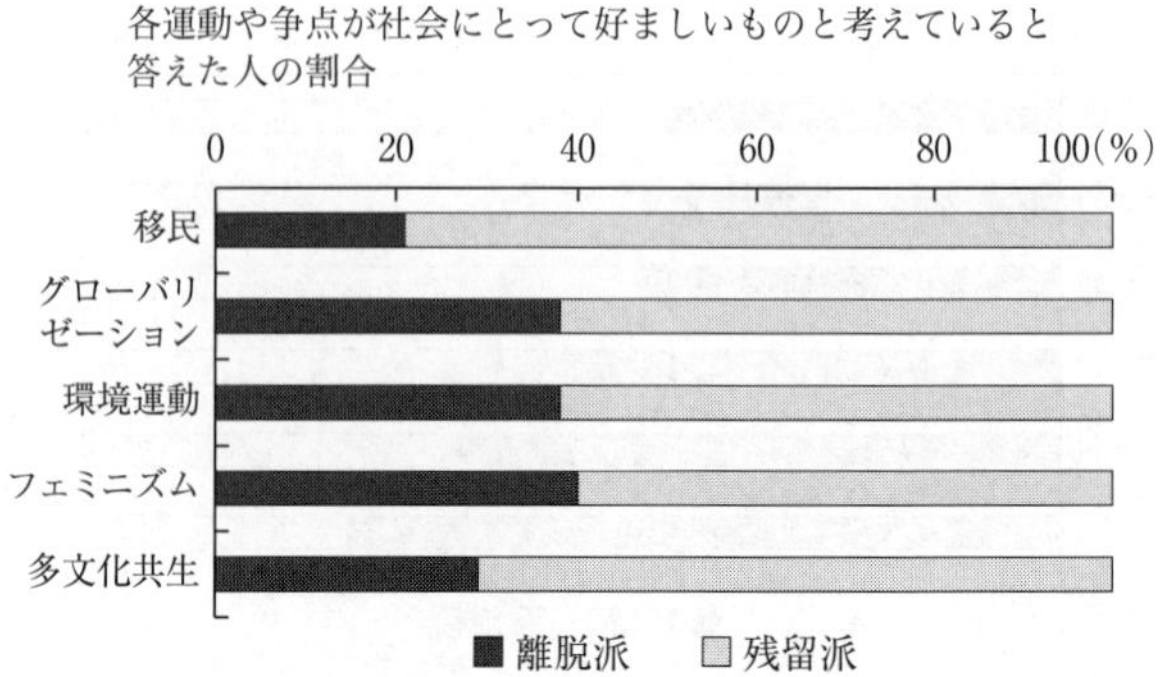

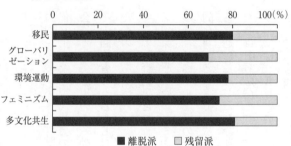

(出典)　図 2-7 に同じ

図 2-8　EU 離脱派，残留派の見解の相違

きる。

とはいえ、この調査の結果によると、国民投票で離脱か残留かを決定することについては、離脱派、残留派に関係なく、四割強の人が一か月前までどうするか決めておらず、全体の四分の一の人は一週間前にようやく心を決めたこともわかった。さらに、全体の一割の人は、当日決定したと答えている。年齢やイデオロギーで、EUについての見解が二分しているという結果がある一方で、多くの人が最後まで離脱か残留かを決めかねていた様子が伺われる。

英国国民の意思決定を考える上でもう一つ興味深い研究がある。マンチェスター大学、オックスフォード大学、ノッティンガム大学のコンソーシアムで結成された英国選挙研究チームが二〇一六年四月一四日から五月四日にかけて「あなたは、今回のEU国民投票の意思を決定する際、何がもっとも重要ですか」を自由回答方式で尋ねた(インターネット・パネル調査。サーベイ全体のパネルは三万八九五人。この質問への回答は、一万五〇七〇件)。すると、離脱派と残留派では、明らかに重要なテーマが異なっていた。文字の大きさと回答者の数とが比例する「ワードクラウド」で表すと**図2-9**のようになる。

このワードクラウドからは、離脱派と残留派はそれぞれ何が大切か、どのように世界を見ているかという、いわば「世界観」がまったく異なっており、そうした世界観をもとに投票していたことが見て取れる。さらに、離脱と残留という二つの意見の傍らで、未決定の人々が多く存在していた。このグループは、「経済」にも「移民」にも注目しながら、「事実」や「情報」を欲し、いずれの方向であれ「影響」を心配しているという様子が見てとれる。ロイター・ジャーナリズム研究所も、この研究結果を最後に引用しながら、今回の国民投票では全体的に国民に「情報の飢餓状態」があったのではないかと指摘している。その証左に、同年七月二四日付『ガーディアン』紙の報道によると、六月中の新聞(紙)の一日売り上げは平均九万部増加し、とくに『ガーディアン』などの高級紙の伸びが高かったという。また、前年同期比では、同紙オンライン・アクセスの伸びも三一%だった。国民投票の態度を決定するために、一般の人々は少しでも多くの情報を欲していた。

BBCは何をしていたのか

大衆紙をはじめとする新聞とは異なり、放送事業、とりわけ英国で信頼の高いBBCは、公平な報道をする義務を負う。また、大衆紙と高級紙、リベラルと保守など、さまざまな局面で二極分解してしまった英国の言論空間を統合する役割も社会的に要請されている。国民投票当時、BBCを支える特許状(BBCの目標と業務を規定し、「協定書」とともに組織の根幹となる事業

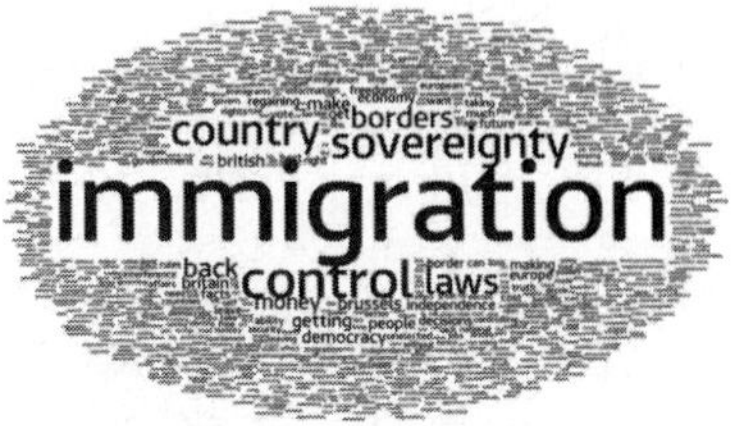

離脱派のワードクラウド
「移民／入国管理(immigration)」「主権(sovereignty)」「コントロール(control)」「国(country)」「国境(borders)」などの言葉が目立つ

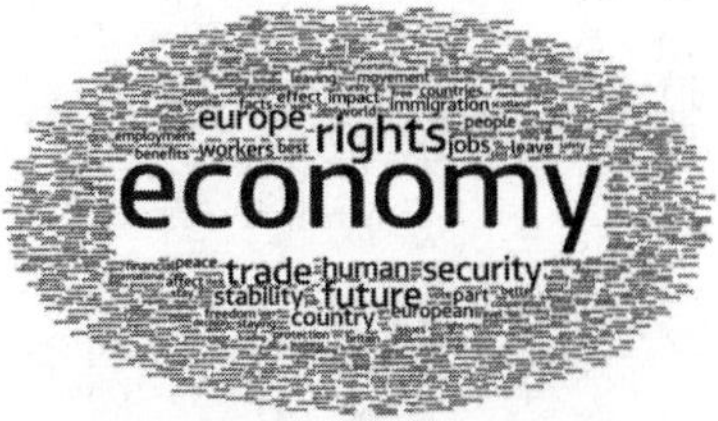

残留派のワードクラウド
「経済(economy)」「貿易(trade)」「権利(rights)」「将来(future)」「ヨーロッパ(Europe)」などの言葉が目立つ

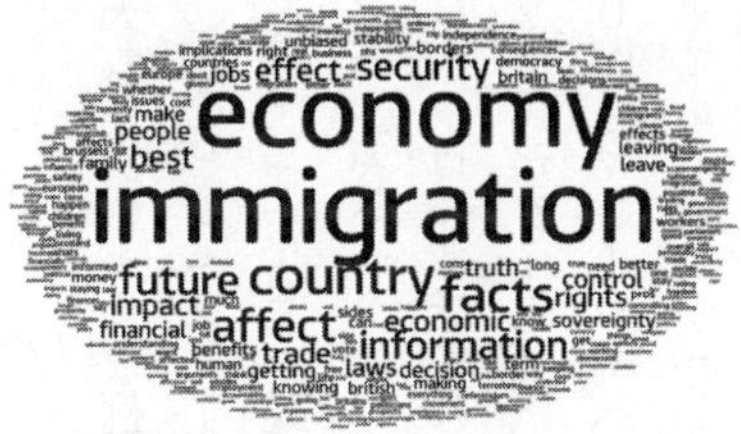

態度未決定の人のワードクラウド
離脱派，残留派のキーワードである「経済(economy)」「移民／入国管理(immigration)」という言葉が両方表出しているが，同時に「事実(facts)」「情報(information)」「影響(affect, impact)」といった言葉も目立つ

（出典） Prosser, Mellon and Green, 2016

図 2-9　離脱派と残留派の関心事の差

免許）における「公共的目的」の第一には、「市民の権利（citizenship）と市民社会（civil society）を維持する」とあった。つまり、ＢＢＣは、英国社会の統合に貢献することを期待されているのである。では、社会を二分する国民投票キャンペーンの中、「公平、不偏不党」なＢＢＣは何をしていたのか。

サセックス大学教授Ｉ・ゲイバーは、今回のＢＢＣの失敗を次のような例で説明している。たとえば、投票の前日、ＥＵ残留を訴えるため、一二八〇人のビジネスリーダーたちが署名した公開状が『タイムズ』紙に掲載された。ＢＢＣはこれについて報道する際、「バランスをとるため」、財界有名人で唯一、離脱賛成を表明していたジェームス・ダイソン卿の言葉をわざわざ引用した。「ダイソン氏の離脱賛成意見はすでに六月一一日に放送されており、投票前夜の時点ではすでにニュースではなかった。さらに、ダイソン氏がタイムズ紙の署名公開状に反対している理由は、彼のすべてのビジネスが、英国とＥＵからマレーシアへと移転しているからである。その点についての報道は、ウェブ上で公開されているにもかかわらず、まったく言及がなかった。この情報は、全体を理解する背景情報として非常に重要であるにもかかわらず、である」（EU Referendum Analysis 2016: Media, Voters and the Campaign）

また、投票直前の二〇一六年六月二〇日にノーベル賞受賞一〇人の経済学者が、英国がＥＵ

を離脱した際の経済的リスクについて警告したときも、ＢＢＣは同様に「バランス」をとるために、離脱賛成派の学者Ｐ・ミンフォードの意見を引用した。しかしミンフォードは、ほかの調査でも、離脱派として何度も引用されてきた人物だ。ほかに離脱を擁護する学者が見つからないことこそ、警戒するべきではないかとゲイバーは疑問を呈している。

「バランスという言葉が、テレビ上のプレスリリースという意味に、あまりにもたやすくすり替わってしまった。少し距離を置いて各主張を検討するのではなく、キャンペーンで彼があ言った、彼女がこう言ったということばかりを放送していた」(同右)。国民投票の報道は、ＥＵの役割や政策の中身ではなく、離脱派と残留派の確執、それをめぐる人間模様といった政局報道に終始していた――これは、ＢＢＣ前編集主幹Ｒ・モーシーが同年六月一七日付、英国の政治雑誌『ニューステーツマン』ウェブ版で批判した言葉だ。

今回の国民投票を、一九七五年のＥＥＣ加盟に関する国民投票キャンペーンと比較した論考もある。政治コミュニケーション研究界の重鎮、Ｊ・ブラムラーは、七五年にはテレビ画面で直接対決のディベートがほとんどなかったのに対し、二〇一六年には離脱派と残留派の対面型ディベートが多くあったことに注目している。直接対決の討論は臨場感があるものの、わかりやすい言葉、刺激的な言葉遣いをとおして大衆受けを狙う傾向に陥りやすい。また、一九七五年時のキャンペーンでは、ＢＢＣやＩＴＶ（英国の商業放送局）など英国の主要放送事業者はキャンペーンを追うだけでなく、ＥＥＣの制度や権力について情報提供するミニ・ドキュメンタリー番組をつくっていた。これに対して二〇一六年には、そうした番組はほとんどなかった。彼はこの状態を次のように指摘している。

「これは、まるで公共放送というトロイカが、三つの車輪のうちの一つを失ったようなものだ。娯楽と情報という車輪はあったけれども、教育の車輪はなかった」

今回、テレビ討論では、簡単でわかりやすく、響きのよいスローガンが繰り返された。また、ニュースでは、バランスをとるために、まんべんなく両側から情報が提示された一方で、各陣営のキャンペーン策略に引きずられてしまい、分析的視点が少なかった。離脱がもたらすであろう数々の現実は、離脱が決定したあとになってようやく明るみに出たことは、日本でも話題になった。

結局、ＢＢＣは、離脱か残留かという二者択一の議論について、「バランス」を重視するあまり、議論の内実を掘り下げる努力を怠り、国民の知る権利に応えていなかったという意見が強いのである。ＢＢＣは、「バランス」や「公平性」という任務を優先することで、オピニオンリーダーにはなり得ず、つねに「フォロワー」の位置に甘んじていたという意見もある。

BBCの「公平性」への回帰

こうしたさまざまな批判に対して、BBC側は強く反論している。二〇一七年三月に開催されたNHK放送文化研究所主催の「文研フォーラム二〇一七　BBCのEU国民投票報道で考える「報道の公平性」」で、BBC元政治番組総責任者スー・イングリッシュは各方面からのBBC批判を念頭に、EU国民投票報道について以下のように語った。

氏によると、まずBBCは国民投票にあたって報道ガイドラインを作成し、報道職員に研修を行い周知させた。また、数字や事実を確認するための「リアリティチェック」を行い、テレビをはじめ、ウェブサイト、ラジオ、ソーシャル・メディアに掲載した。また残留派、離脱派の双方のために、二四時間のホットラインを開設し、報道内容の間違いを指摘してもらう工夫も設けた。「何をやろうと必ずどこからか批判は浴びるということを想定して準備」したという。

また、BBCはいわゆる「ストップウォッチの公平性」を二〇〇〇年以降廃止しているという。「ストップウォッチの公平性」とは、異なる陣営ごとの発言時間を公平配分することによって、機械的に公平性原則を守るというやり方だ。このような量的な公平性は、BBCの編集の権限と裁量を限定してしまうという理由で廃止され、現在は一週間単位で公平性のバランスをとれればよいという、「しかるべき公平性」「幅広いバランス」という概念にシフトしているという。この点は、ドイツの公共放送も同様で、米国の大統領選のディベートのように、ストップウォッチを使って両者に時間配分をして公平性をとることに象徴される公平性理解を退けている（ちなみに、日本では選挙公示後は、テレビ各局とも番組ごとにほぼ秒単位で「ストップウォッチの公平性」が敢行されている）。

しかしながら、BBCは、こうした工夫と努力にもかかわらず、さまざまな観点と立場から批判されるようになった。

奇しくも、二〇一六年は、ほぼ一〇年に一回なされる特許状の更新年であった。BBCは、国王または女王から直接委任される特許状というシステムによって、政府から高い独立性を維持していることで有名だ。日本の公共放送NHKとは異なり、この特許状システムによって、免許更新や予算に関して、議会の採決や政府および与党の関与を受けにくい。国益と対立するような局面でも、政府からは独立して行動し、ジャーナリズムの公正中立原則を貫いて存在してきた。一九八二年のフォークランド紛争のときに、BBCが英国軍隊を「自軍」と呼ばずに「英国軍」と三人称で呼んだことが当時のマーガレット・サッチャー首相の怒りをかったというエピソードは有名である。

今回、特許状第六条の「ＢＢＣの公共的目的(The Public Purposes of BBC)」の項目は次の五つに改正された。

（1）偏りのない(impartial)ニュースと情報を提供し、取り巻く世界について、市民の理解と活動を促進する。
（2）あらゆる年齢の人々への教育と学習を支援する。
（3）最高レベルにクリエイティヴ、高品質かつ特色ある番組とサービスを提供する。
（4）英国のすべての地方、地域の多様なコミュニティを反映し、表現し、奉仕する。その活動をとおして、英国全体のクリエイティヴ・エコノミーを支援する。
（5）英国とその文化、価値を世界に示す。

今回の特許状更新では、目的の第一に、「偏りのないニュースと情報を提供」することが掲げられているのである。先に引用したイングリッシュも、「自分たちの主張をもって報道している新聞と違って、ＢＢＣやそのほかの放送局は公平性の原則を守っています。放送局にとってこれが根本的な部分で、一番重要な信頼の基本だからです」と語っている。

しかし、EU国民投票のキャンペーン報道では、BBCは、「公平性」原則ゆえの機械的公平性の墨守《ぼくしゅ》という印象を与え、世論形成という点では後塵《こうじん》を拝し、とくに残留派側から厳しい批判に晒された。

さらに、二〇一七年に入って、こんどは離脱派からBBCの報道が強く批判されている。一七年三月には、七〇人の国会議員がBBCに公開状を提出したという記事が『デイリー・メイル』紙に大きく掲載された（図2-10）。公開状には、BBCがEU離脱のシナリオをあまりにも悲観的に報道しているとし、「政治家や視聴者が、BBCを不偏不党の伝達者だと見なさなくなったら、BBCの将来は危ない」とBBCを強く非難した。

BBCはその公共目的全体に貫かれているように、英国全体の文化をまんべんなく公平に象徴し創造する放送事業体と、自らを位置付けている。しかし現状は、英国社会そのものがエスニシティ、社会階級、地域やイデオロギーに沿って深く分断されている。

何をどのように表現すれば、「英国社会」を公平に反映できるのか。BBCが目指そうとする「英国社会」など、すでにグローバル化と情報化によって「虚構」としてしか存在していないか、するとすれば、せいぜい歪んだ愛国心やナショナリズムという形でしか表象されないの

Daily Mail

TUESDAY, MARCH 21, 2017 www.dailymail.co.uk NEWSPAPER OF THE YEAR 65p

The agony of being too beautiful to stay faithful

One woman's VERY brave confession SEE PAGES 22-23

Dozens of MPs accuse Corporation of gloomy coverage

BBC'S BREXIT BIAS STORM

図2-10 『デイリー・メイル』紙2017年3月21日の一面

英国EU離脱の手続き開始に際して，BBCの「偏向報道」を批判した国会議員の公開状が掲載された

ではないか。英国社会の表現のあり方をめぐって、そしてだれもが納得できる「公平性」という価値をめぐって、合意が得られる見通しは険しい。

また、もともと「公平性(impartiality)」という価値は、現状ある事象を追認してバランスをとるという意味で保守的な概念でもあり、それだけに、ナショナリズムや白人至上主義などに引き寄せられる可能性もはらんでいる。

他方で、視聴者のほうは、ネット動画やペイTVの普及で「お金を出した分だけ、自分の見たいものを見る」という視聴行動に慣らされてきた。受信許可料を何がしかのサービスの対価と見なす者たちは、「英国社会」全体のコンテンツを支えるというBBCの大義に納得しなくなっている。

BBCは、非常に繊細なバランスの上で「公平性」のかじ取りをしていかなくてはいけない。それでもあえて事業体のあり方に不偏不党を第一に掲げ、次の十年の船出をした。財源としての「受信許可料」制度の存置さえ取りざたされる中、公平性やバランスを旗印にしたことは、「メディア不信」の時代における公共放送の象徴的な動きであるとともに、大きな賭けであり、チャレンジ宣言でもある。

階級社会から生まれる「メディア不信」

ＥＵ国民投票において、ＥＵ残留を主張した人たちは、都市に住む高学歴のエリート層、富裕層、そしてグローバル化に肯定的な若者層だったと言われている。これに対して、ＥＵ離脱を支持した人々は、低学歴で中高年の白人労働者層、グローバル都市ロンドンへの不満をもつ農村部の居住者たちだった。こうした英国の政治状況を捉えて、政治学者の水島治郎は、「保守党対労働党という二〇世紀型の二大政党間の対立というよりは、中間層の支持集めに汲々《きゅうきゅう》とする既成政党と、「置き去りにされた」人々との断絶」と表現している（水島、二〇一六年）。この構図にならってメディアの状況を見るならば、英国メディア市場は、中間層、既存政党支持者のためにＢＢＣや高級紙が存在する。その一方、大衆紙は、「置き去りにされた」人々をも招き入れ（それが商業目的であるにせよ）、興を買い人心をつかんで広い読者層をもつ。ＥＵ国民投票の報道分析を見ても、「置き去りにされた」人々の不安を掬《すく》い上げていたのは、どちらかといえば大衆紙ジャーナリズムだった。しかし、大衆紙ジャーナリズムには、政策に関する情報量は圧倒的に少なく、投票前に最後まで戸惑う人も多かった。

英国の「メディア不信」には、お高くとり澄まし、難しい言葉で議論をするインテリ層、既存政党や官僚といった支配層の象徴と考えられている高級紙への反感と、「売れてなんぼ」の乱暴で放逸な大衆紙への不信とが並行して存在する。その意味で、伝統的英国階級社会そのものへの不満でもある。しかし、英国社会全体に情報を提供すべき公共放送ＢＢＣも、「公平性」という言葉に引っ張られてしまい、水島が指摘するように、「中間層の支持集めに汲々と」していた。結局、ＢＢＣも、政党や政治家の動向の報道が中心となり、一般市民、とくに「置き去りにされた」人々の目線でのＥＵに関する報道は後手に回ったと言えよう。

今回、一八歳から二四歳までの七三％がＥＵ残留派だったとされる。この世代にとって、情報源は新聞でもなく、テレビでもなく、ほとんどがウェブである。国民投票後、英国の若い世代の多くは、ＥＵ離脱の決定が自分たちの未来を潰すという危機感を抱き、ネット空間では離脱派に向けた非難の意見が噴出していた。ネットの普及は分断された社会を再接合するというよりは、むしろその状態を増幅させているように見える。

次章では、ソーシャル・メディアやネットがメディア景観で英国以上に存在感を強めている米国の状況を見ながら、グローバル化とデジタル情報化の時代の「メディア不信」をさらに深く見ていこう。

第3章

大統領が叫ぶ「フェイク・ニュース!」

——分裂する米国社会

Media

米国のメディア理念

米国は一八世紀に建国された、歴史の新しい「移民の国」である。米国社会では、欧州の中世封建社会、王侯貴族社会を反面教師として、建国理念の柱に信教、思想、言論の自由を据えている。また、個人の能力や個性は何ものにも妨げられることなく発揮できる社会こそ、「よい社会」であると考えられてきた。したがって、国の統治も「大きな政府」による介入(世話)を嫌い、市民たちによる主体的な自治が尊ばれる。米国とは、多くの国が経験する伝統的支配構造(王家、貴族や教会による支配)を飛び越えて、市民自治理念のもとで生まれた新しい「人工国家」だと言える。

メディアのあり方にも、その理念が反映されている。個人であろうと、メディア企業であろうと、分け隔てなく言論・表現の自由が存分に付与される。したがって、第1章のドイツの事例で見たように、言論の自由を「メディアの自由」(制度的自由)と「個人の自由」とに分けて、前者の自由に条件をつけて考える伝統はない。大企業のオーナーであろうと、ベンチャー起業家であろうと、あるいは一個人であろうと、あらゆる言論・表現者が対等に意見を出し合って競争するのが原則だ。バラエティに富んだ参加者を迎えることによって、表現の多様性が可能になり、やがてそこから最適な言論や思想が選択されていく――これが米国流の「フリースピーチ」の考え方であり、メディア構想でもある。こうした状態を「思想の自由市場」という言葉で表現するが、この市場は原則だれもが参加でき、同じルールが適用されることが特徴だ。

このような国の歴史的成り立ちと理念によって、米国では、名誉毀損や公序良俗、青少年保護に関するルール以外は、参入にも内容にもメディアを規律する法や制度がきわめて少ない。かつて、ロナルド・レーガン政権下で放送事業の自由化を推進した連邦通信委員会（FCC）長官のマーク・ファウラーは、テレビは一つの商品にすぎず、いわば「画面のついたトースターだ」という「名言」を残した。この言葉は、表現や文化の分野にも市場競争原理を取り入れることに積極的な米国の自由主義の発想をうまく言い表している。この考え方によると、テレビやラジオは、ほかの電化製品と何ら区別ない。トースターとパンの関係のように、テレビと番組があり、消費者に提供されるとする。

米国では、レーガン政権下の一九八七年に放送内容に公平性を要求する「フェアネス・ドクトリン（公平性原則）」は撤廃された。現在、テレビは、ケーブルテレビに課せられている地上波再送信規則などを除いては、内容に関しては、基本的に自由である。こうして、ファウラーのような発想は、とくに八〇年代後半以降の規制緩和の流れに合流して、米国メディア市場を席巻するようになった。

つまり、米国のメディア市場は、競争を前提とした資本主義原理で動く。カネが儲かると見れば、新興メディアから老舗まで、動画はもちろんのこと、ビッグデータを使って調査報道をするデータ・ジャーナリズム、三次元映像で取材現場の臨場感を味わえるVR(virtual reality)利用など、資金調達が可能な限り新たな商品開発に余念がない。もちろん、敏腕経営者の給与は青天井だ。そうした経営者の手にかかると、過剰投資やコスト上昇で資金繰りが悪くなれば、社内リストラはもちろん、事業統廃合から買収合併まで、あらゆる手段が敢行される。失敗すれば、あっという間に経営者はクビになる。

メディア研究者ベン・バグディキアンは、規制緩和がはじまったレーガン政権時代の一九八〇年代から二〇〇四年までの米国メディア市場の寡占状態を継続調査してきた。この調査によると、一九八〇年代には、米国メディア市場の売り上げ九〇%を牛耳っている企業が五〇社あったものが、二〇〇四年には、五社(タイムワーナー、ディズニー、ニューズ・コーポレーション、ベルテルスマン、ヴァイアコム(旧CBS))に激減している(図3-1)。

「ジャーナリスト＝エリート層」の定着

また、米国では全米日刊新聞の正規雇用記者の数が九〇年代はじめのピーク時の五万七〇〇〇人近くから三万三〇〇〇人弱に激減している。「合理化」といっても、これではジャーナリズムの基礎体力が衰えることも不思議ではない。さらに米国では、ジェンダー、人種、社会階層などのいわゆる出自に配慮する記者教育が重視されている。しかし、いまのところジャーナリストという職業は、多様な社会階層や出自にリーチできる職業にはなっていないと言われている。マイノリティの背景をもつ記者は、今日ようやく全体の一三％に届くほどだ。職業のランクが上がれば上がるほど、記者は、白人・エリート・リベラル・男性の職業というイメージが定着している(Doctor, 2015)。

もっとも、近年は女性でも高い地位に就いているケースも目立つ。しかし、ジェンダーやエスニシティを超えて出世するジャーナリ

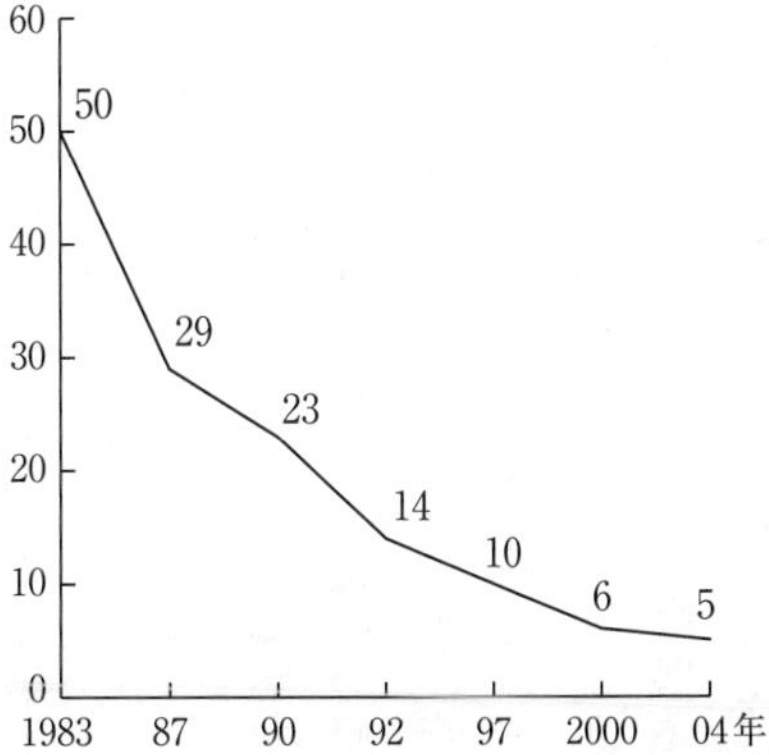

（出典） Media Reform Information Center（http://www.corporations.org/media/）

図 3-1 米国のメディア市場売上の 90％ を支配している企業数

ストたちは、社会階層は中流以上であることが多い。彼女たちは、学費が年間五万ドルを超えるエリート大学卒で、「ヨーロッパを旅行し、カフェ・ラテを飲みながら難しい本を読む高給取り」というイメージが強い。そのライフスタイルは、とくに中西部の小都市や田園地帯に住む「普通のアメリカ人」の現実からは遠い。

ジャーナリズム研究が専門の藤田博司は、一九九一年の著書、『アメリカのジャーナリズム』(岩波新書)で、一般の記者の待遇は八〇年代を境に格段によくなったことを指摘している。これは、メディアの商業化によって、よい記者を獲得するために給与を上げるという市場原理の結果だ。藤田は、こうした状況から、米国のジャーナリストたちには、平均的アメリカ人の生活感覚が薄れているという危機感を綴っている。その懸念は二〇〇〇年代にはいって改善されるどころか、とくにテレビに出演するスター・ジャーナリストたちの収入は一層ハネ上がり、一般人との格差が問題になっている。

藤田はさらに、「スウィッチ・ヒッター」と呼ばれる、政府の役人や政治家のスタッフとしての経験をもち、その後ジャーナリストに転職して活躍する人、逆に、ジャーナリストから転じて役所の報道官や外交官になった人たちの存在も指摘していた。近年は、メディア業界が不況になり、ベテランのジャーナリストが企業の広報担当に転身する例も目に付く。いずれにし

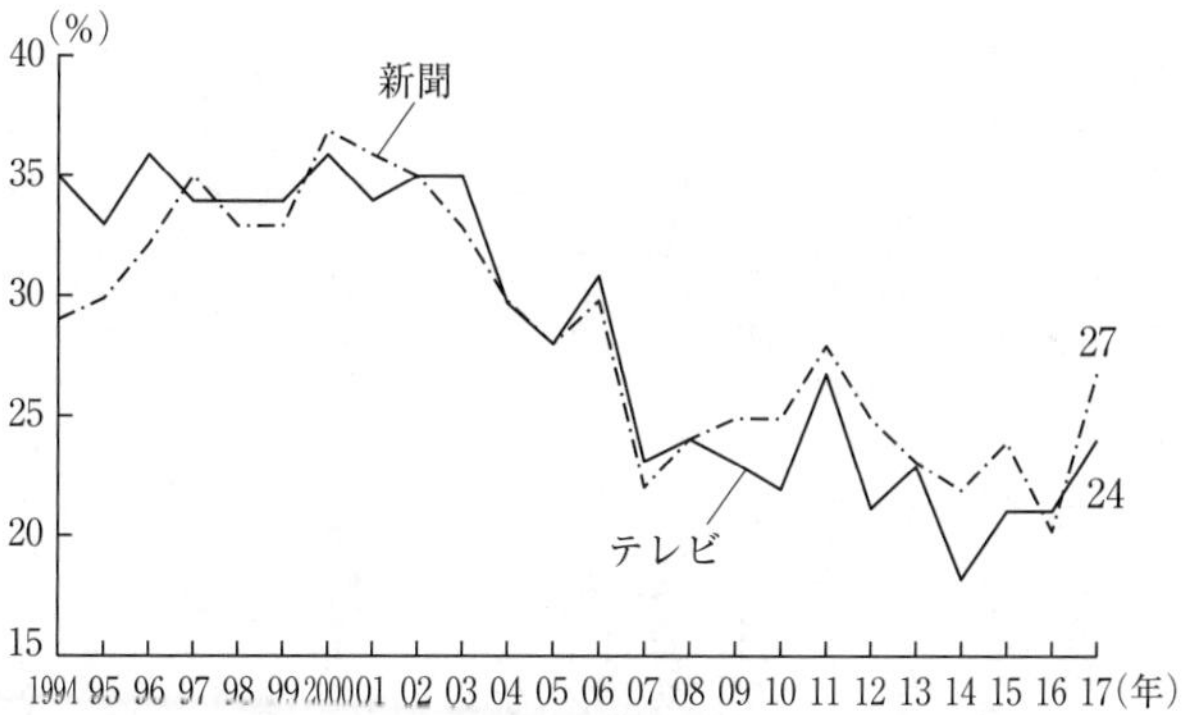

（注） ネット・ニュースの信頼度については，1999年＝21%，2014年＝19%，2017年＝16%

（出典） ギャラップ社調査，Art Swift, "In U.S., Confidence in Newspapers Still Low but Rising"

図 3-2 米国の新聞・テレビのニュースに対する信頼度の推移

ても、米国の一般市民から見ると、政府、企業、メディアで働く者たちは、すべて同じ世界の特権階級に見える。

下降する信頼度

米国ではメディアの信頼度が、経年で相対的に下降気味である（図3-2）。また、さらに重要なのは、信頼の度合いが新聞もテレビもほぼ同レベルで推移していることだ。それは、米国がドイツや英国とは異なって、放送事業と新聞・雑誌事業の制度的区別が少なく、異なる媒体でも分け隔てなく、同じように市場原理による競争を原則としているからだ。これはある意味、社会においてメディアごとの制度設計がないことを示唆する。米国メディア市場は、八〇年代以降、市場原理、自由主義の旗印をもとに発展してきた。競争に生き残った「勝ち組」は、さらに富を蓄積して、「勝ち組」側を強化していく。今日の米国のメディア景観は、名門の『ニューヨーク・タイムズ』『ワシントン・ポスト』から比較的新興のCNNやFOXニュースまで、自由競争の中で生き延びてきた勝者たちの群像と言ってよい。このような「勝ち組」の内部分裂および地盤沈下が、近年顕著なのである。

トランプ大統領とマスメディア

以上、ごく簡単だが、米国のメディア市場を概観した。米国では、これまで見てきたような、市場原理を優先させ、カネで動くマスメディア、とりわけテレビが、政治家の知名度を左右し、政治の行方を決めてきたと言ってよい。

二〇一六年の大統領候補トランプも、テレビを利用して大統領選を勝ち抜いた一人である。そして、政治を変化させ、政治家のイメージを変えた。しかし、彼の政治家としてのキャリアは、これまでのどの政治家とも異なり、大統領になるまで政治の世界とはまったく縁がなく、娯楽の世界で鳴らした知名度で選挙戦を勝ち抜いたことが特徴だ。彼は、もともと社交界の有名人であり、ミス・ユニバースの主催者やリアリティ番組のパーソナリティとして人気を博してきた人物である。ホストだったリアリティ番組「The Apprentice（「見習い」という意味）」は、トランプが事業課題を与えて参加者を競わせ、敗者に「クビだ！（You are fired!）」と宣告するもので、二〇〇四年から一五年まで一四シーズンも続き、この決めゼリフは流行語になった。トランプは、こうして大衆の間での抜群の知名度と人気を元手に大統領に立候補し、予備選で米国の伝統的二大政党の一つ、共和党の頂点に立ったのだった。

当初、マスメディアは、政治の世界ではまったくの素人であるトランプの立候補を真面目に受け止めず、予備選においても、リアリティ番組のパーソナリティの延長として、おもしろおかしく取り上げる程度であった。しかし、そのことがかえって彼の存在感を際立たせたと考えられる。あるメディア・モニターの調査によると、二〇一五年末までの段階では、三大ネットワーク（ABC、CBS、NBC）の夜のニュース番組の大統領選関連ニュースは一七時間に上り、その際、共和党候補者レースのほうが民主党候補者レースより二倍以上の時間取り上げられた（七〇二分対二四九分）。その中心にいたのがトランプで、彼が登場する報道は合計三二七分と、民主党候補者の総時間を上回っていた（表3−1）。

「トランプ候補」は、政治家もジャーナリストたちも真面目に取り合わない一方、テレビが積極的に取り上げたことで、一般の人たちにとっては確実に大きな存在となっていった。米国

表 3-1　2015 年の主要候補者に関するニュース時間
(3 大ネットワーク，夜のニュースに登場した時間)

ドナルド・トランプ	327 分
ヒラリー・クリントン*	121 分
バイデン副大統領	73 分(立候補しないという報道)
ジェブ・ブッシュ	57 分
テッド・クルーズ	21 分
バーニー・サンダース	20 分

*クリントンは，このほか E メール関連で 88 分，リビア・ベンガジ領事館襲撃事件調査関連で 29 分
(出典)　Tyndall Report(http://tyndallreport.com/comment/20/5773/)をもとに筆者作成

のシンクタンク、ピュー・リサーチセンターの二〇一六年の調査では、ニュースを知るために頻繁に使うメディアを尋ねたところ、テレビと答えた人が五七％、ネットが三八％、ラジオが二五％で紙(新聞・雑誌)が二〇％という結果だ。米国でも、テレビの影響力、議題設定力はやはり今日も依然として強いのである。

　また、トランプが当選した当時、選挙結果をまったく予想できなかったと嘆くマスメディアであったが、実は二〇一六年二月には、CBSテレビの会長が、トランプが候補者であることが視聴率増加につながるために、「米国にとってはよくないことかもしれないが、CBSにとってはひどくいいことだ」と発言して物議をかもしていた。視聴率や視聴数の争奪戦となっているテレビ界やニュースサイトでは、「トランプ候補」はもっけの幸い、彼を積極的に使って数字を稼ぎ出そうとしていたことは間違いない。メディアとトランプは、まさに相互依存、共犯関係にある。

トランプはとにかくメディアにカネをもってくるという証拠はほかにもある。二〇一六年三月一五日付『ニューヨーク・タイムズ』によると、トランプはネット、新聞、テレビなどあらゆる媒体で注目度が高く、それを広告費として換算すると、媒体価値は抜きんでており、一八・九八億ドルで二位のクリントンの七・四六億ドルを大きく引き離している（三位がバーニー・サンダースで三・二一億ドル、四位がテッド・クルーズで三・一三億ドル）。

ちなみにトランプは、多額の資金をさまざまな支援ロビー団体から集め、主要ネットワークのコマーシャル枠を買い付けるという伝統的な大統領選キャンペーン方法では、あまり目立っていないのも特徴だった。二〇一六年五月の段階の業界試算によると、ラジオやテレビのコマーシャル枠の買い付け額は、クリントン一億五三二〇万ドル、ジェブ・ブッシュ八〇〇〇万ドル、サンダース七四六七万ドル、トランプ二一一六万ドルと、トランプはほかの主要候補と比べて圧倒的に低い額だった（Ad Age, May 13, 2016）。彼はキャンペーン中、常に「自分は一般市民のための候補者で、インチキなインサイダー政治システムの人間ではない」と主張していたが、この点は、キャンペーン方法を見る限り、当たっていると言えよう。

つまり、二〇一六年の大統領選は、従来どおり、市場原理で動く米国のマスメディアを舞台にした戦いであった。ゆえに「トランプ当選がマスメディアの衰退を象徴する」と一言で片づけることは早計である。「トランプ」は、マスメディアとともに生まれ、マスメディアとともに成長した怪物だ。しかし、それは、あたかもフランケンシュタインのように、マスメディアがつくり出してしまったあとに、コントロールが効かなくなってしまったというのが実情であろう。

では、フランケンシュタインはどこでコントロールが効かなくなったか。

トランプは、広告費目当ての視聴率本位、売り上げ部数本位、ページビュー本位でセンセーショナルなコンテンツを好むマスメディアを利用する一方で、近年台頭してきたフェイスブック、インスタグラム、ツイッターなどソーシャル・メディアを利用して話題になった。とくにツイッターはトランプが選挙中に積極的に使った「武器」で、大統領就任後も次々と私的とも公的とも見分けのつかない放言を発信して米国ばかりでなく世界中を混乱させてきた。ソーシャル・メディアを使うことで彼は伝統的な政治のプロトコルを完全に逸脱している。

その最たる例がメディアへの攻撃だ。すでに述べたとおり、米国は、「フリースピーチ」の原則を尊重すべきだという規範がどの国にも増して強く、それは、米国の国是でもある。議会はいかなる状況であろうとも、言論とプレスの自由を阻害するような立法をしてはならないとされる。しかし、トランプはまさにこのツイッターを使って、気に入らない伝統的メディアを攻撃し、潰しにかかる。顔にCNNのロゴを合成した男性をプロレスの場外乱闘で打ち負かしたり、気に入らない女性記者に対して整形手術疑惑を茶化したりと、攻撃を続けるのである。しかし、それを簡単にやってのけるトランプのツイッターは、それぞれが「ニュース価値」となって、伝統的メディアに取り上げられ、さらに広がる。大手メディアは、彼のこうした行状を阻止するどころか、振り回され続けていると言える。

大統領選中に広がった「フェイク・ニュース」

大統領選挙のあと、選挙期間中にツイッターやフェイスブックなどのソーシャル・メディア上に多くのデマが流れたことが問題視された。たとえば、「ローマ法王がトランプ支持を表明した」というニュースは、真実ではないが、一〇万人がシェアしたと言われる。若者に人気のニュースサイト、「バズフィード」の二〇一六年一一月一七日付報道によると、選挙終盤のトップ20の人気ニュースのうち、フェイスブック内でシェアしたり、「いいね！」を押したり、コメントをつけたりした回数は、「フェイク・ニュース」が約八七〇万回、主要メディアからのニュースは約七四〇万回と、「フェイク・ニュース」のほうが多かった。

フェイスブック上でシェアが拡大する背景には、米国のフェイスブックには、画面右肩に

「トレンディング」というコーナーが設けられていることがあるとされる。そこでは、話題になっている人物の名前やキーワードが集められている。

二〇一四年からはじまったこのサービスだが、一六年五月九日、テック系人気ニュースサイト「ギズモード」に、この話題の選択をするチームの元メンバーが、フェイスブックの労働環境の悪さを暴露した。その上、この「トレンディング」として示される項目に保守政治家や保守関連ニュースを選ばないようにしていることも告白し、保守系政治家の怒りを買い、話題になった。その後、フェイスブックは同年八月にこのニュース項目の選択を人間の手ではなく、コンピュータ・アルゴリズムに委ね「公平性」を確保すると発表した。しかし、その発表の二日後には、トランプに厳しい質問を浴びせたFOXニュースの女性記者がクビになったというデマがトップニュースになってしまった。

選挙後、こうした「フェイク・ニュース」や誤報が、選挙の結果に影響したのではないかとしてフェイスブックやグーグルが批判されており、これらの企業はいわゆる「ファクト・チェック」システムを立ち上げ、虚報や誤報を提供したサイトと取引を停止するなどの対策を講じている。しかし、完全なシャットアウトはできない状態である。

また、何よりも、テクノロジー企業として市場を勝ち抜いてきたこれらの企業は、自由の束縛を象徴するような、「言論の取り締まり」行為には消極的だ。フェイスブック最高経営責任者（CEO）マーク・ザッカーバーグは、この件について適切な対応を約束しているが、『ワシントン・ポスト』をはじめとする伝統的なメディアは、フェイスブックがすでに重要なジャーナリズムの機能を担っていることを考えると、現在の姿勢は到底それに見合わない無責任なものだと批判している。

「おまえは、フェイク・ニュース！」

しかし、二〇一七年初頭にトランプが大統領に就任する前後から、「ポスト真実」あるいは「フェイク・ニュース」という言葉の意味は、虚報や誤報とはまったく異なる次元を指すものとなった。トランプは、当選後もメディアが「偏向報道」をしているとツイッター上で不満を露わにしていたが、ついに大統領就任直前、二〇一七年一月一一日の記者会見では、質問しようとするCNN記者の言葉を遮り「おまえは、フェイク・ニュースだ」と言い放って質問を拒否した。

もともと、「フェイク・ニュース」は、一六年の大統領選中は、主にネット上に広がる虚報《デマ》を指していた。ところがトランプは大統領に当選すると、自らがこの言葉を使って、『ニューヨーク・タイムズ』紙やCNNをはじめとする、気に入らないメディアに対するあからさまな攻撃の言葉として使うようになった。「トランプ・ツイッター・アーカイヴ」というサイトによると、彼が「フェイク・ニュース」という言葉を使ったツイートは、二〇一七年に入ってから一〇月二六日の時点で一三八回に上る。

ツイートによる執拗な非難に対して、メディア側も対抗している。とくに『ニューヨーク・タイムズ』は「今回の大統領選挙では不法移民による大規模の不正があった」「就任式の観客数は米国の歴史はじまって以来最高だった」といった事実無根の発表に対して、「うそ」という言葉を使って批判。さらに、大統領就任以降、明らかな「うそ」のリストを記録し、「トランプのうそ(Trump's Lies)」というアーカイヴ・サイトをつくって公開している。

ジャーナリズムが大統領を「うそつき」と批判するからには、大統領が国民、そして世界にうそをつき、情報を意図的に操作しているという立場を表明することになる。これは、明らかに「ファクト・チェック」の域を超えた、非常に強い非難の表現であり、当初はメディア業界でも論争になった。

また、二〇一七年五月には、トランプ大統領が就任一〇〇日に際して、二〇二〇年再選に向けて大統領としての実績を示す三〇秒のビデオ・クリップ(宣伝ビデオ)がつくられた。ビデオでは前半に彼の就任後の数々の功績が挙げられ、後半に「こうしたことはニュースを見ていてもわからないでしょう」という言葉とともに、著名なニュース・キャスターが並んだ写真の上に、「フェイク・ニュース」という赤い文字が並んだカットが挿入されている（図3-3）。

このビデオは、CNNならびにABC、CBS、NBCの三大ネットワークが放映を拒否した。

図3-3　トランプ大統領就任100日目を記念する宣伝ビデオ・クリップの1カット

さらに、トランプ大統領は、二〇一七年六月には、女性のキャスターを「クレイジー」と呼び、七月にはCNNを「ゴミ・ジャーナリズム」と呼んだ。また、八月には、「CNN」のロゴがかぶせられた顔の人間が、「トランプ」と書かれた列車にひかれる漫画をリツイートした（そのツイートは、すぐに削除されたが、多くの人がリツイートして拡散した）。タイトルには「だれにもトランプ列車を止められない!!」とある（図3-4）。

それまでは、どちらかというと、いかに「フェイク・ニュース」に騙されないか、どのように見分けるかといった、

（出典）　トランプ大統領のツイッター @realDonaldTrump

図 3-4　2017 年 8 月 15 日にトランプ大統領によってリツイートされた漫画

「フェイク・ニュース」をめぐるメディア・リテラシー的な態度が注目されていた。しかし、トランプの大統領就任後は、「フェイク・ニュース」という言葉は、異なる政治信条やイデオロギーを主張する「敵」を想定し、それに対する敵愾心《てきがいしん》の表明やレッテル貼りの概念として使われることになった。

分裂する言論空間

トランプが「敵」と見なすメディアを公に攻撃してはばからない背景には、政治信条で二分化された米国社会状況がある。

米国の政治研究者シャント・アイエンガーらの文献によると、米国では政治的信条は、他者に抱く感情のあり方に大きく作用しているとされる。たとえば、「あなたの子どもが、自分と異なる支持政党の党員と結婚することを不快に感じますか」という質問に対して、一九六〇年の時点では五％の人しか「はい」と答えなかったのに対し、二〇一〇年には、民主党員では三三％が、共和党員では四〇％もの人が「はい」と答えたという結果がある。いまや党派性は、人種や宗教にも増して、他人に対する敵意の感情を惹起《じゃっき》する要因となっていることがわかっている(Iyengar and Westwood, 2015)。

つまり米国では、政党への帰属意識は、イデオロギーや政策判断に基づいたネットワークづくりを促すというよりは、ライフスタイルや人生観に関わるアイデンティティとして捉えられ、自らとは異なる人々への敵意を呼び覚ます。

こうした政治的党派性から発生する敵対意識は、メディアへの信頼にも反映されている。というのも、米国のメディアは、その自由を重んじる職業文化によって、どちらかというと「リベラル」で民主党寄りだという共通理解がある。近年、民主党支持者と共和党支持者の間でメディアの信頼度が異なることが政治学研究でつとに指摘されてきた。それによると、リベラルな進歩派、とくに民主党支持者のほうがメディアに信頼を置いており、保守派、共和党支持者のほうにはメディアへの不信感が強い。また、二〇一六年のピュー・リサーチセンターの調べでは、共和党保守派の人の八七％が、メディア報道に偏りがあると考えているのに対し、穏健な民主党支持者では五七％にとどまった。これは、主要メディアの言説が、民主党およびリベラル側に傾いていると認識されている証左であろう。ロイター・ジャーナリズム研究所の二〇一六年調査のデータでも同様の傾向が確認されている。

また、政党支持者ごとにニュースを参照する媒体ブランドも異なるという結果もある。ピュー・リサーチセンターの二〇一四年調査(同センターのパネル二九〇一人対象、オンライン調査)では、自らを「保守」と自認する人たちの四七%は、FOXニュースを情報源にしているのに対して、「進歩」派の人は、CNN、NPRや『ニューヨーク・タイムズ』など、リベラルと考えられている複数のメディアに接触している。また、ロイター・ジャーナリズム研究所の『デジタル・ニュース・レポート二〇一七』によると、米国では「メディアのニュースはだいたい信じている」と答えた人が全体の三八%に対して、「私がよく利用するメディアのニュースはだいたい信じている」と答えた人は全体の五四%に上っている。こうした一般的メディアへの信頼と自分が利用するメディアへの信頼との差が大きいほど、政治的見解をめぐる集団分極化が進んでいると考えられる。

以上のような状況を総合すると、トランプ大統領がCNNや『ニューヨーク・タイムズ』を「フェイク・ニュース」と公言してはばからないのは、支持基盤の保守派が彼と同様、リベラルなメディアに敵対的な感情を抱いているのを意識してのことであると考えられる。

政治信条ごとに生まれるメディアへの信頼度の差は、すでに二〇〇四年ごろ、ブッシュ政権

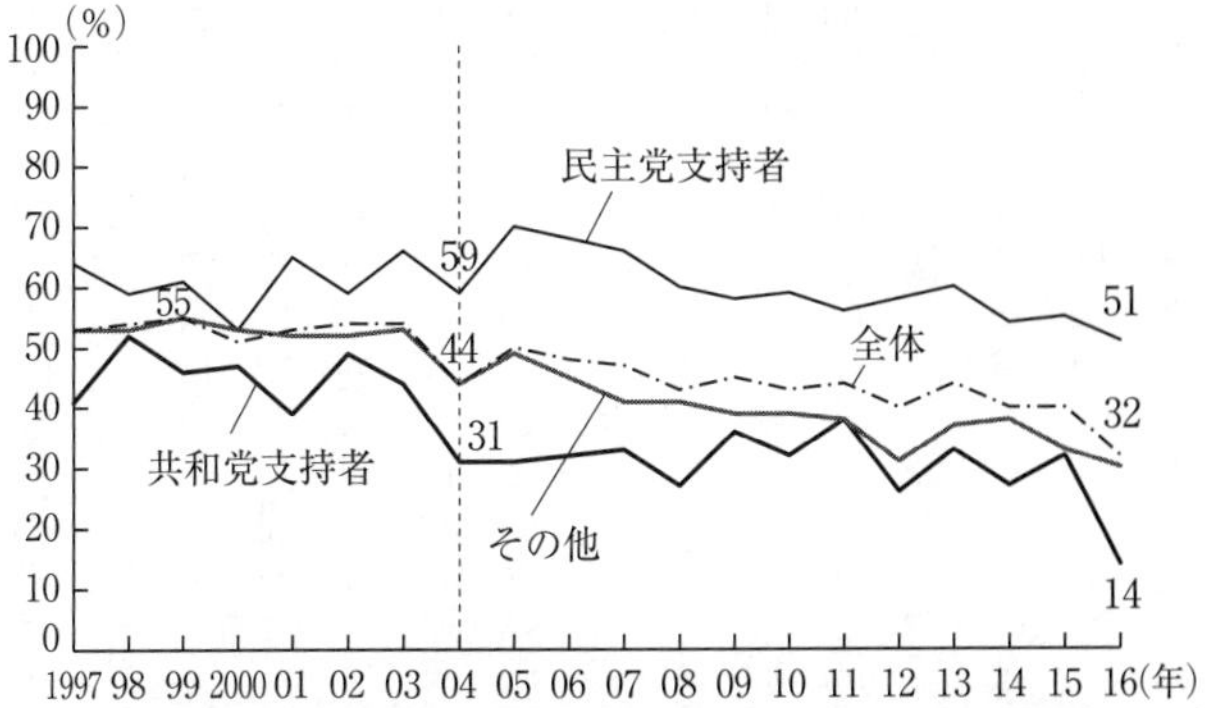

(注)「大いに信頼する」「かなり信頼する」と答えた人の合計数の回答者全体から見た割合
(出典) ギャラップ社, Art Swift, "Americans' Trust in Mass Media Sinks to New Low", Sept. 14, 2016 をもとに筆者作成

図 3-5　支持政党ごとのマスメディアへの信頼の推移

時代から開きはじめていることがわかっている(図3-5)。それは、ちょうど当時人気のあったジョン・エドワーズ民主党上院議員による「二つの米国」というフレーズが登場し、注目されはじめたころだ。このフレーズは、米国には、アメリカン・ドリームを体現したような裕福で特権的な少数のエリートたちと、日々の暮らしに精一杯の庶民たちという二種類のアメリカ人がおり、両者の流動性も失われたという主張の中で使われた。

そして、実際にこのスピーチが話題になった二〇〇四年あたりから、保守リベラルを問わず、社会全体のマスメディアへの信頼にも揺らぎが見えはじめている。再び図3-5の太い点線部分を見ていただきたい。二〇〇〇年前後までは米国社会の半数以上に当たる人がメディアを信頼すると答えていたのに対し（一九九九年＝五五％）、二〇〇四年にははじめて四四％と五〇％を割り込み、その後も信頼すると答える人の割合は五〇％以上へ回復を見せぬまま、一六年には、ついに三二％まで下がった。

このような現象から見ると、マスメディアとは米国社会に共通合意と知識基盤があった時代の産物であり、逆に見れば、マスメディアはそうした共通基盤をもとに、自らを強化していたとも言える。ネット社会がいまほど発達していない時代、伝統的なメディア・ブランドが共通基盤をつくりやすいという技術的条件も下支えしていた。

二〇〇一年にキャス・サンスティンは*Republic.com*（邦題『インターネットは民主主義の敵か』）を出版した。そこで彼は、民主主義社会の重要な前提条件は、市民の共通体験および知識基盤であると主張する。そうした共通基盤をもとに人々は議論をし、世論（パブリック・オピニオン）を形成し、政治に反映しようと働きかける。しかし、米国社会ではいま、この「パブリック」と認知できる基盤に亀裂が入っている。そこでは、保守派は保守派のメディアを、進歩派は進歩派のメディアを参照し、それをもとに仲間内で議論して、意見形成する。境界線を克服しようとする動きは弱い。

現在、フェイスブックなどのソーシャル・ネットワーキング・サービス（ＳＮＳ）が普及し、あらゆるジャンルの情報が「友だち」同士で交換されるようになって、この分裂状況はさらに加速している。二〇一四年のピュー・リサーチセンターの調査でも、「保守派はフェイスブック上で似たような意見の人と会話をする傾向が強く、進歩派の人は、ソーシャル・ネットワーク上で政治的見解が異なる人に出会うと「友だち」関係を断ることが多い」という結果がある。政策の具体的な中身の是非より、共和党の人は共和党同士で固まって進歩派の思想を嫌い、リベラルなメディアに対する不信を表明する。民主党側も同じだ。その結果が、二〇一七年のトランプ大統領の誕生だった。

「ディープ・ステイト」陰謀説

分裂する米国社会で、トランプの支持者たちは、クリントンに代表されるリベラル・エリート層、そして主要リベラル・メディアのジャーナリストたちが、自分たちを高みから見下ろし、嘲笑していることを敏感に肌で感じ取り、怒りを抱いてきたと言われている。FOXニュースは、トランプ支持者の間でも人気を博すニュースチャンネルだが、こうした層の視聴者向けにニュースを制作していることで知られている。そんなとき、トランプ政権周辺から飛び出したのが「陰謀説」である。そして、この「陰謀説」を広めていったのは当のFOXニュースであった。陰謀説とメディアは、政治的な文脈で結び付きやすいことは、戦前ドイツのユダヤ人陰謀説で見たとおりである。

トランプ政権が誕生して以降、大統領に不利となるさまざまな情報がメディアにリークされ続けてきた。トランプ大統領は、こうしたリークに基づいた報道をするメディア(『ニューヨーク・タイムズ』や『ワシントン・ポスト』、CNNなど)を「フェイク・ニュース」だと怒りをぶちまけてきたわけだ。そしてついに、二〇一七年二月一三日、トランプ政権のマイケル・フリン国家安全保障問題担当大統領補佐官がロシア側とロシア制裁問題について情報交換をしたとされ、辞任した。その前後から、以前から噂となっていたトランプ大統領とロシアのコネクションが一層問題視されるようになった。しかし、この状況を、FOXニュースなどの保守メディアの人気ホストたちは、リベラルなメディアがCIAやFBIとともにトランプを貶めようと企んでいる罠だと主張するのである。やがて、政権批判をするメディアは、より大きな政治的思惑からの陰謀であり、大統領を引きずりおろそうと暗躍する「ディープ・ステイト」の一味なのだ、という陰謀説が流れだした。

ここで語られる「ディープ・ステイト」とは、CIAやFBIなどの諜報組織、軍隊、強力な金融関係者、シリコンバレー関係者、そしてさまざまな連邦政府高官、そしてそれらを支えるリベラルなエリート・メディアから成る。トランプとその側近たちは、こうした「古いエスタブリッシュメント」たちが一丸となってトランプを追い詰め、トランプ大統領とトランプ政権を陥れようとしている、というのである。

「ディープ・ステイト」という言葉は、トルコ語「derin devlet」に由来するそうだ。これは、軍事機関、諜報機関の幹部から一般市民までを巻き込んだ国粋主義かつ反民主主義秘密組織で、「国家の中の国家」とも呼ばれ、今日ではパキスタンの諜報機関やエジプトの軍部など、さまざまな国の統治の背後に暗躍する非公式ネットワークのことを指す。トランプ政権とロシアの関係が取りざたされる中、市民の日常生活からは遠い外国の諜報機関の暗躍が絡んでくることから、こうした陰謀説が生まれやすい苗床は十分にあった。

トランプ政権とロシアとの関係は現在も調査中であり、真相は未だ闇の中である。しかし、こうした「ディープ・ステイト」ネットワークが現代の米国に存在すると断定するのは性急かつ短絡的で、このような陰謀説が社会に広がることの危険性が指摘されている。この噂を流す元締めは、選挙中トランプ大統領にもっとも近い側近として活躍し、その後首席戦略官を更迭されたスティーヴ・バノンだと言われている。陰謀説の背後には、トランプ大統領に不利な情報が行政省庁から多くリークされてきたこと、とりわけトランプや側近たちのカネの流れや選挙に関して、ロシアとの関係を調査する動きが連邦政府の中から出てきたことがある。

二〇一七年三月二〇日付高級週刊誌『ニューヨーカー』は「ディープ・ステイトなど存在しない──ワシントンの問題は大統領に対する陰謀ではなく、大統領彼自身だ」という記事を掲載し、こうした陰謀説の広がりを批判した。記事では、現在のホワイトハウス周辺の状況を説明しながら、トランプとバノンが間接的に流す陰謀説を意見操作的なものであると完全否定し、トランプ大統領を「不誠実で、虚栄心に満ち、邪悪で、危機的に不安定な大統領」と厳しく批判している。

伝統ある雑誌『アトランティック』も、「ディープ・ステイトとは、犯罪組織の一種であった。我々がいま米国で目の当たりにしているのは、制度的な回路をとおした動きだ」と、陰謀説を一蹴している。

いずれにしても、トランプ周辺から流される陰謀説は、トランプ政権の政治運営の闇や失敗から目を逸らし、別の何者かに罪を着せようとする危険がある。そして、ここにも多くの米国国民が抱く、ワシントンやニューヨークのエリートたち、そして政界を牛耳ってきた古株たち、そしてそれを取り巻くメディアへの不信と不満を取り込んだレトリックが使われている。そして、それゆえに多くのトランプ政権支持者たちに受け入れられるのである。『ニューヨーカー』

などの高級雑誌が反論するという構図も、信じる側にとっては陰謀説を打ち消すというより、むしろ、強化する方向に作用する。

米国研究者、森本あんりによると、米国社会を理解する上で重要なのは、「反知性主義」という「思想」だという。「反知性主義」とは「知性と権力の固定的な結びつきに対する反感」、たとえば特定のエリート校出身者や学閥が、固定的に国家などの権力構造を左右する立場にあり続けることに対する対抗意識や反感だという。米国には、欧州に見られるような王侯貴族、教会といった伝統的権力構造がない。また、科学の進歩、社会の進歩を信じる進歩主義思想が主流であるため、知性が権力と結びつくことが必然となる。そうであるがゆえに、逆説的に反知性主義が、権力の対抗勢力となってバランスをとってきたというのだ。「ディープ・ステイト」とは、まさにこのような「知性と権力の固定的な結びつき」への不信に具体的な言葉を与えた表現であろう。とくに米国で影響力をもつ主流メディアのジャーナリストたちは、エリート大学卒の専門職集団であり、知性主義に支えられている。現代米国の反知性主義は、保守系のFOXニュース、ブライトバート・ニュース・ネットワークをはじめとするネットメディア、ならびに全米の保守系地方テレビ局系列シンクレア・ブロードキャストのネットワークやローカルの保守系トークラジオと結託し、米国の草の根にくすぶる伝統的な「反知性主義」を巧妙に取り込んで、全米国土に拡大したと言えよう。

リベラル・ジャーナリズムの失敗

これまで、西欧近代の社会運営は、少なくとも理論的には、真実に基づいた合理的判断を優先する前提があった。科学の発達はその最たる成果だ。ジャーナリズムもこの「理性」および「真実」尊重の前提で制度化されてきた。とりわけ米国では、ジャーナリズム教育は真実を追求し科学を尊ぶ高等教育機関の内部で専門職として発展を遂げてきたのだった。

しかし、トランプが事実無根の情報をツイートし、女性や移民、マイノリティを誹謗中傷しても大統領に当選した様子を見ると、米国社会ではもはやこうした前提は崩れ、少なくとも社会の一部では、どのくらい真実を語るか、事実を知っているかで信用が獲得されるわけではなくなっているのではないかとさえ考えられる。そこでは、事実の積み重ねや真実の提示よりは、人間の傷つきやすさ、コンプレックス、不安や恐怖などをうまくつかみ取り、そこに訴えるものが信用される。あるいは一つ一つのニュースのディテールやその真偽より、わかりやすく、証明も証拠も求められない「ディープ・ステイト」のような「陰謀説」で片づけて合意をとりつけてしまう。こうした状況では、知識人やジャーナリストがいくら筋道を立ててファクト・

チェックをし、トランプ大統領や側近たちの暴言虚言妄言を指摘し、リストアップしても、その声は届かない。

米国の主要なジャーナリズムの失敗は、トランプ支持者に代表されるような社会グループ（白人、男性、低い教育程度、地方在住）やその周辺の人々の暮らしに関心を示さず、社会があたかもワシントンDCの政治サークルや、ニューヨークの金融街の人たちだけで動いているかのような報道をしてきたことかもしれない。取り残された人々は、自分たちの生活感覚が反映されないため、メディア不信に陥り、代わりに自分たち自身を代弁してくれる別のメディアと、その「現実」を正当化しようとする。

トランプ政権顧問、ケリアン・コンウェイがテレビ・インタビューで、大統領就任式の聴衆が史上最大だったという事実に反した報道官の発言を擁護して、それが「オルターナティヴ・ファクト」だと強弁したが、その言葉はこの状況を象徴的に表している。つまり、多くのトランプ支持者たちにとって自分たち側の言い分は、永遠に正当化されないし、正当化される必要もない「オルターナティヴ・ファクト」なのである。いま、トランプ政権誕生によってようやく——たとえそれが乱暴なツイッターの言葉によってであれ——別の、自分たちに味方してくれるヒーローが登場した。いつも後回しにされていた自分たちは、ようやく米国の正当な社会の仲間入りをしたと喝采する。トランプ政権は新たな価値創造の証であり、新たなエポックのはじまりでもある。このように考えれば、トランプ支持者たちにとって「フェイク・ニュース」や「オルタナ・リアリティ」を、既存メディアやエリート知識層によって「ファクト・チェック」されることなど興味も関心もないのであろう。

「フェイク・ニュース」の話題性は、デジタル・テクノロジーの急速な発達と普及によってさまざまな人々による多様な情報発信が可能になった時代の副産物だと考えられてきた。もちろん、そうした側面もあるだろう。また、二〇一六年の大統領選挙以降は、ツイッターをはじめとするデジタル・テクノロジーをフルに活用して放言を連発するトランプ大統領という強烈なキャラクターの影響も大きい。しかし、トランプ政権発足前後のさまざまな記録を見れば、この言葉が個別ニュースの事実の真偽を問題にしているのではなく、一つの社会現象であることが明らかになる。

米国は厳しい競争原理で動いている。しかし、それがフェアな競争なのかどうかは疑わしい。トマ・ピケティの『二一世紀の資本』によると、現在、米国は、国全体の労働および資産所得合計の五〇%を、上位一〇%が稼いでいる。上位一%層では二〇%だ。総資産で言うと、上位一〇%が全体の約七〇%を所有している。厳しい競争原理で動く米国社会であるが、競争の結果、格差はますます広がり、一発逆転のアメリカン・ドリームの実現など、ほとんどの人にとって無縁だ。

毎日のメディア報道では、米国社会上位一〇％の人に資金を依存しながら政治キャンペーンを展開し「民主主義」を語る政治家たちの存在、そしてそれを「客観的報道」の名のもとに取材する記者たちの姿が映し出される。一般市民はこうした政治家や記者たちの偽善を見逃さない。「フェイク・ニュース」という言葉、そしてそこに表される「メディア不信」は、まさに二一世紀、ますます非流動的になっていく格差社会から生まれた症状の一つと捉え返すべきだろう。メディアは、従来は社会の亀裂をつなぎとめ、共通基盤を提供してきたのだった。しかし、徹底的な市場原理で作動する米国メディアは、マーケットリサーチをし、顧客の嗜好《しこう》に合わせ、市場原理とアイデンティティ・ポリティクス（人種やジェンダーなど自分のアイデンティティごとに権利主張をする動き）に依拠しながら、米国社会を分断していった。

したがって、このタイプの「メディア不信」に対抗するには、「ファクト・チェック」では足りない。いま、米国のマスメディアに突き付けられている課題は、「ファクト・チェック」以上の、社会全体をつなぐような公共的基盤を社会に提供できるかどうかにかかっている。

第**4**章

静かな「メディア不信」

——日本のメディア無関心

Media

日本の新聞市場の特徴

ドイツ、英国、米国と見てきたわけだが、ここでまず、日本のメディア市場の特徴を確認しておこう。

日本は、「マスメディア」の国である。

まずは、新聞市場である。発行部数は海外に比べてずば抜けて高い。日本新聞協会によると、成人人口一〇〇〇人あたりの部数は、日本は約四〇〇部、ドイツは約二二三部、英国は約一六一部である(二〇一五年)。こうした新聞の強さの背景には、市場構造と宅配制度がある。言論統制を目的に一九四一年、新聞事業令が発令され、それまであった新聞社は「一県一紙」に整理統合された。それ以降、戦後もローカルには県紙一紙、一部人口集中地帯にはブロック紙、そして主要全国紙五紙という寡占状態が脈々と受け継がれている。全国紙五紙は一〇〇万単位の発行部数を誇っているし、戦前に整理統合された県ごとの「県紙」も、海外で見られるようなチェーン化はされず、古くからの地元に根付くオーナー企業も多い。それだけに、県単位で強い存在感があり、普及率も高い。

ちなみに、日本では戦前の一県一紙制で各県に「県紙」が割り当てられたが、現在、滋賀県は「県紙」のない「県紙空白地帯」だ。滋賀県では、かねてから「自分たちの県紙」を発行したいという悲願があり、二〇〇五年に地元の運動で『みんなの滋賀新聞』という新しい新聞が創刊された。ところが、この平成の新聞創刊の動きはあえなく失敗に終わった。

ジャーナリズム研究者、畑仲哲雄によると、創刊の際、まずは既存の通信社が同一発行地域における先行契約社への配慮から、全国および世界のニュースを配信する取引契約を拒否した。さらに運の悪いことに、小泉純一郎内閣が解散、郵政民営化を問う総選挙となった。公職選挙法では新聞社は公示日より六か月前から引き続き発行していることが、選挙報道と論評を掲載する条件となっている。このため、同新聞は選挙期間中も選挙報道ができなかった。この法の定めは、もとはといえば、政治関係者が選挙キャンペーンや民意操作の目的で新聞を創刊することを阻止するために設けられたものと思われる。しかし、手軽にウェブサイトをつくって自由に情報発信ができる時代、この法律にどのくらいの意味があるのか。当然のことながら、現状維持で市場支配をしているマスメディア側からはこうした問題提起は起こらないので、改正の機運も世論も高まらない。

結局、創刊したものの、選挙期間中も選挙関連情報がいっさい掲載されない『みんなの滋賀新聞』は地元に根付かず、あっという間に廃刊に追い込まれた。この詳細については、畑仲哲雄著『新聞再生――コミュニティからの挑戦』(二〇〇八年)に詳しい。せっかく地元財界や市民たちがローカルの情報を渇望し、がんばって新聞を創刊したものの、通信社からは取引を拒否され、公職選挙法の壁に阻まれて挫折した。運が悪かったとはいえ、こうした話を聞いて、どのくらいの人が新たに新聞社を立ち上げようと思うだろうか。

米国ではさまざまな報道機関がネットを舞台に次々と立ち上がり、さらにはそれらが老舗大新聞社と互角にピューリッツァー賞を奪い合う。その一方で、企業同士は生き残りをかけて市場原理の下で競争し、倒産、合併、系列化など、情け容赦ない自由競争を繰り広げている。日本の新聞市場は、こうした米国の新聞市場とは対極にある。

地上波テレビ局の覇権

テレビに関しても同様だ。二〇一四年(平成二六年)版『情報通信白書』によれば、「テレビ(リアルタイム)視聴」は、平日が一六八・三分、休日が二二五・四分と、新聞、ラジオ、テレビ、ネットの中ではもっとも接触時間が長い。いわば日本の基幹メディアとも呼べるが、そのコンテンツの主流も、ほんの一握りの社によって寡占されている状態である。

とりわけ、デジタル通信技術の発達と多チャンネル化が進むこの時世に、テレビ媒体の主要プレイヤーの交代がほとんど起こらないのはなぜだろう。二〇一〇年には「通信・放送分野におけるデジタル化の進展に対応した制度の整理・合理化を図るため」(総務省)六〇年ぶりに、通信・放送関連の法体系の大改正もあった。法改正とともに、今後は新規の多様な放送事業者が参入し、新たな放送の景観が生まれるはずだった。また、現在は８Ｋ、４Ｋなどの「超高精細度テレビジョン放送」の実用放送、およびスマートテレビなど、さまざまな新しい放送・通信連携サービスが構想されている。しかし、いまのところ、日本では依然としてこれまでどおりの、地上波で覇権を握ってきたＮＨＫ、ならびに東京をベースにした民放五局が圧倒的な存在感を維持しており、メンバー交代の兆しは見られない。これは、ドイツ、英国、米国いずれの国にも見られない現象である。

また、地上波の中でも、東京キー局を頂点としたヒエラルキーが厳然と存在する。日本には、実は「全国放送」はＮＨＫただ一つである。それなのに、私たちはどの地方にいてもゴールデンタイムに同じような番組を見ている。これは日本の商業放送である「民間放送(民放)」が系列をつくっており、その系列の親分である東京キー局が番組コンテンツの大部分を全国津々浦々に供給しているからである。もちろん、関西の準キー局やローカル局が主体となって制作している番組もあるし、地方のニュースも放送されている。

しかしながら、総務省の『情報通信白書』によると、ローカル局の自社制作比率は非常に低いのが実態である。二〇〇〇年(平成一二年)の『情報通信白書』によると、自社制作番組の放送時間比率は、ローカル局は一〇%以下のところも少なくない(一九九九年度の統計によると局全体の平均は一六・五%。低い県としては、高知県が六・六%、佐賀県、鳥取県がそれぞれ六・八%という例がある)。「ローカル」とは名ばかりの「東京コンテンツ」の中継局になっているのが実態だ。

また、多チャンネル化を推進した衛星放送の分野にも、まっさきにNHKや民放が進出しており、新規事業者の参入による新たなテレビ界の秩序が生まれた気配はない。以上の状況を要約するならば、日本の「テレビ・コンテンツ」は一九五三年のテレビ放送開始以降、一握りの会社によって寡占され続けているということである。

さらに、日本では、新聞社の資本が放送局に入っている。これは「クロス・オーナーシップ」と呼ばれ、情報の多様性を阻み言論の自由を尊ぶ民主主義の精神に反するとして、諸外国では長らく法律で禁止されてきた。日本では、部分的に資本が入っているだけで、クロス・オーナーシップではないというのが表向きの主張である。しかし、事実上はこれまでの歴史から、朝日＝テレビ朝日系列、読売＝日本テレビ系列、産経＝フジテレビ系列、毎日＝TBS系列、日経＝テレビ東京系列へと整理が進んでおり、系列によっては新聞社の重役が系列ローカル局の社長に就任する例や、新聞社と系列との報道業務の提携などの例もある。さらに、地方紙がローカル局の一部に出資することも一般的である。こうした点を考え合わせれば、日本では新聞とテレビの事業主体に多くの重なりがあり、多様性を尊ぶ「思想の自由市場」を目指す精神からは程遠い。つまり日本のメディア界では、言論・表現の多様性が理念や目的として制度化されていない。

そして、そのことは、拡大するネット空間においても同様である。ロイター・ジャーナリズム研究所の調査によると、前の週にオンラインでアクセスしたニュース源を尋ねたところ、日本では「ヤフー・ジャパン」が回答者の五三％、その他は、地上波テレビ局のサイトが上位を占めた。他国では、こうしたリストにオンライン・オンリーのコンテンツを発信する「ハフポスト」や「バズフィード」などが入っているが、日本のリストには見当たらない。

もちろん、近年、「ハフポスト」「バズフィード」「ニューズ・ピックス」などの新しいネットニュース社が少しずつ知名度を上げている。テレビも、ネットテレビ「AbemaTV」や「C CHANNEL」なども立ち上がっている。地方ではコミュニティFMや地元のケーブル局もある。しかし、これらのメディアは、今後どこまで日本のコンテンツの多様性に貢献するだろう。戦前から続く新聞社と、地上波放送局の支配は不透明な部分が多く、今日も揺るぎないもののように見える。

日本人はメディアを信頼しているか

読者や視聴者の側も、これまで、基本的にはメンバー交代のない日本のメディア市場を受け入れてきた。こうした状況を踏まえた上で、ここで、日本のマスメディアの信頼について、見てみよう。

図4-1は、新聞通信調査会による「メディアの信頼」調査の結果である。二〇〇八年にはじまったこの調査では、メディアの情報をどの程度信頼しているかを、全面的に信頼している場合は一〇〇点、全く信頼をしていない場合は〇点、普通の場合は五〇点として点数をつけてもらったものの平均である。したがって、「信頼しているかどうか」を回答者に尋ねた、ドイツ、英国、米国など、ここまで見てきた各国の信頼度調査とは手法が異なり、「信頼度」の高低について、このデータでは他国と直接比較はできない。

とはいえ、このデータで注目すべきは、メディアの信頼度の順位である。興味深いことに、この新聞通信調査会の調べでは、ＮＨＫテレビと新聞の信頼度がほぼ同じである。二〇一六年のＮＨＫテレビの平均点は六九・八点、新聞は六八・六点で僅差である。ちなみに、民放テレビは五九・一点でＮＨＫテレビと新聞から一〇ポイントほど離されている。

メディアの信頼に関しては、このほか、情報通信政策研究所が、二〇一六年に「情報通信メディアの利用時間と情報行動に関する調査」を実施している。その結果、もっとも信頼度が高かったのは新聞で、七〇・一％（前回平成二七年調査六八・六％）、次いでテレビが六五・五％（同六二・七％）、インターネットが三三・八％（同二九・七％）、雑誌が二〇・五％（同一六・七％）だった。この調査では、テレビは民放とＮＨＫが分けられていないことが原因だろうと思われるが、テレビより新聞の信頼度のほうが高くなっている。

すでに見たとおり、「メディア不信」が話題になっているドイツや英国では、新聞が市

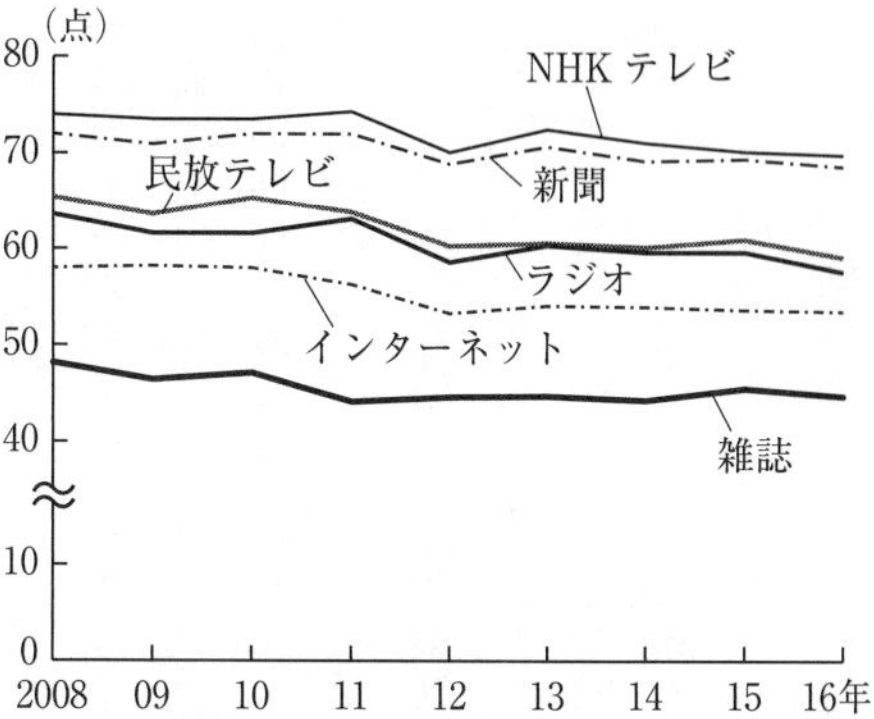

（注） 調査対象18歳以上男女5,000人，回収数3,308人
（出典） 公益財団法人 新聞通信調査会，第9回メディアに関する全国世論調査(2016年)

図4-1　日本のメディアの信頼

場原理の中で衰退し、とくに英国の新聞は、過剰な商業主義に蝕まれてセンセーショナルな内容や党派的報道で信頼を失っている。他方で、テレビは規制業種としてコンテンツに規律を課されており、中でも公共放送は批判を浴びながらも「公平性」「多様性」の原則を守ることを自らの使命と課して信頼をキープしている。したがって、ドイツも英国も、テレビは市場原理に完全に委ねられて経営されている新聞の信頼度を上回っていたのだった。

日本の場合も放送は規制業種で、放送法第一条では「放送を公共の福祉に適合するように規律し」、第四条で放送事業者は「政治的に公平であること」が定められている。それにもかかわらず、公共放送NHKと新聞は信頼度がほぼ同程度であり、さらに、テレビをNHKと民放でひとくくりにすると、新聞のほうが信頼度が高くなる。これをどう考えればよいだろうか。

まず、規制業種とはいえ、商業放送(民放)は、コマーシャルを財源としている。そのために、他局との視聴率競争とともに近年、多メディア化の影響で、さらにネットをはじめとするほかのメディアとの接触時間の奪い合いが起こり、番組の質を落としていることが指摘されている。

他方で、公共放送NHKは、コマーシャル獲得のための市場原理から守られている。NHKの二〇一七年度(平成二九年度)予算は七一一八億円。受信料収入はそのうちの約九七%で六八九二億円に上り、その予算規模は他局を圧倒している。番組制作においても市場原理とはまったく異なった別の論理や理屈が作動しているはずだ。しかし、現実は、売り上げ部数および広告収入で成り立つ新聞との違いは視聴者の間で十分には認知されていない。あるいは逆に、日本の報道機関全体が競争原理で動いていない、新聞も規制業種だからこのように横並びの信頼度になっている、という見方もできるかもしれない。

いずれにしても、新聞通信調査会のデータを見て、NHK関係者は「NHKがもっとも点数が高かった」と喜んではならないと思う。むしろ、新聞への信頼とNHKへの信頼の数字がほとんど同じだという点で、公共放送としてのNHKの特殊な社会的地位と役割は、日本社会ではさほど認知されていないことが見える。存立根拠が社会的に理解されていない以上、そこに依拠する受信料制度も将来にわたって非常に不安定だと心得ておいたほうがよいだろう。

「マイ・メディア」のない国

引用した新聞通信調査会のメディアの信頼に関する調査結果では、「性別、年代別に見ても、「NHKテレビ」、「新聞」が全てのカテゴリーで上位二位を占めており、幅広く厚い信頼を得ている」と結論している。しかし、ロイター・ジャーナリズム研究所の世界比較調査によると、国際的に見れば、実は日本人のメディアに対する信頼度はそれほど高くはないことがわかる。

同調査が「ほとんどのニュースをほぼ信頼するか」を三六か国に尋ねた項目があるが、日本では、四三％の人が「信頼する」と答えた。この数字は、三六か国中一七位で、英国と同順位である。ちなみにドイツは五〇％で七位、米国は三八％で二八位であった。すでに述べたように、ドイツも英国も公共放送が信頼の下支えになっている。

しかし、信頼に関連してさらに興味深いのは、次の点である。ロイター・ジャーナリズム研究所は次に、「あなたは、あなたが利用しているほとんどのニュースをほぼ信頼するか」と尋ねたところ、「信頼する」と答えた割合は、日本は四四％で、三六か国中二八位と大きく順位を下げる。これに対して、英国は五一％で一九位、ドイツは五八％で六位、米国は五三％で一三位である。これをどう読むか。

米国のようにメディア一般への信頼と、自分が利用するメディアとの信頼の間に大きなギャップがあることは、すなわち、メディア市場全体が分断されており、そこに強い党派性が存在することを意味する。これは、米国社会の分裂状態を象徴するものでもある。この点の弊害については、すでに第3章で述べたとおりである。

他方で、日本の場合、メディア一般の信頼と自分が使用するメディアの信頼との間に差がほとんどないのは、どのメディアを使おうが同じようなものだと認識されていることに起因すると推測される。そのことから同時に、市民の側が能動的にメディアを選択する必要性を見出しておらず、実際、メディアや報道にはさほど関心がなく、どこか他人事のように考えている様子も窺《うかが》うことができるように思う。先に述べたとおり、メディア事業者は戦後ずっと、いや戦前とさえほとんど変化がなく、いわば公共施設かインフラストラクチャーのような不動の存在として続いてきたのであるから、そう考えるのも無理からぬことかもしれない。

日本人は、メディアを「他人事」あるいは「別世界」と考えていることをさらに裏付けるデータがある。たとえば、「最近、積極的にニュースを避けようとしたことがありますか」という質問で、日本は「しばしば」「ひんぱんに」避けたことがあると答えた人は六％にとどまった。これは三六か国中最低で、次点のデンマークの一四％から見ても圧倒的に低い。もちろん、ニュースを意図的に避けるという行為は、「知識ある市民」を前提とする民主主義にとって好ましいとは言えない。しかし、この数字からむしろ読み取れるのは、ニュースにもメディアにもさほど関心がないために積極的に避けることもしない、つまりニュースやメディアを回避もしなければ能動的にも関わらない、他人事と考えている日本人像である。

また、ふだんオンラインでニュースをシェアし、コメントを書き込むかどうかを尋ねた項目でも、日本は三六か国中最下位で、一三％だった（次点はドイツで一八％）。さらにロイター・ジャーナリズム研究所の二〇一六年の調査報告では、「政治・経済関連ニュース（ハード・ニュース）と生活・娯楽ニュース（ソフト・ニュース）とではどちらに関心がありますか」という質問で、「政治・経済関連ニュースのほうに関心がある」と答えた人は、日本は四九％で同年の調査対象国二六か国中最低だった。もちろん、この調査は自己申告制であり、社会的期待や規範が関わっていると考えられる（つまり、「政治・経済関連ニュースに関心があるべきだ」という規範が強い社会では、実態にかかわらず、「政治・経済関連ニュースのほうに関心がある」と答える割合が高くなる）。とはいえ、いやだからこそ、日本社会では、政治・経済関連ニュースに関心を払うべきだとする規範が弱く、さらに実態的にも関心が高くない。ここから、メディアに対しても、その仕事、つまり報道やニュースのあり方などについて、さほど関心が向いていないことが予想される。

もう一言付け加えるならば、データを見ると、とくに女性が「生活・娯楽ニュースのほうに関心がある」と答えている割合がほかの国に比べて頭抜けて高い（日本＝四四％、ドイツ＝一六％、英国＝一九％、米国＝一八％）。これは、日本では女性が政治・経済関連ニュースに背を向けていることを窺わせる。日本の政治そのものが女性にとって魅力的ではなく、さらにメディア側も女性たちの関心を呼ぶようなニュースを十分に提供していないという相乗効果が、このような結果を生んでいると推測される。

いずれにしても、日本の場合、一般市民が自分の思想や政治傾向に合わせて能動的にメディアを選び取る度合いは低い。社会を分断しかねない大論争をメディア上で繰り広げているドイツや英国、そして米国の状況を眺めたあとに、日本社会に目を向けると、「無関心」が先行しており、その特異性は際立つのである。「メディア不信」を語る上で、とても気になる点だ。

以上のような市民によるメディアに対する関心の欠如を考えると、日本の場合、「メディアを信頼する」という状態から外れる者たちは、「不信」よりは「無関心」に陥っている――そんな状況が浮かんでくる。

弱いメディアへの問題意識

こうした状態はほかの四か国比較データからも見え隠れする。再びロイター・ジャーナリズム研究所二〇一七年調査データを引用すると、メディアへの政界・財界からの不当な介入についての意見を調査している。質問では、政界や財界からのメディアへの不当な影響があるという見解に賛成か反対かを尋ねたところ、日本はほぼ半数の人が「賛成でも反対でもない」と答えている(図４-２)。

これまで、私をはじめ多くのメディア研究者が、政府や自民党からのＮＨＫに対するさまざ

「あなたは,「自分の国の報道メディアは,ほとんどの場合,不当な政治や政府の影響から独立している」という見解に賛成しますか」

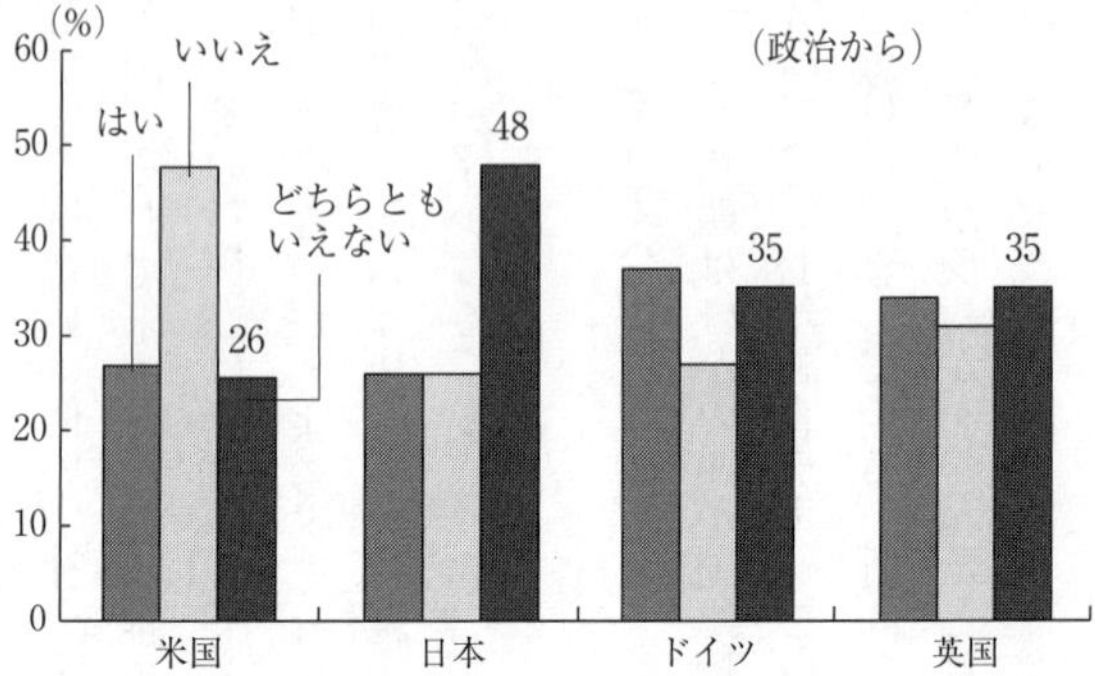

「あなたは,「自分の国の報道メディアは,ほとんどの場合,不当な財界や営利企業の影響から独立している」という見解に賛成しますか」

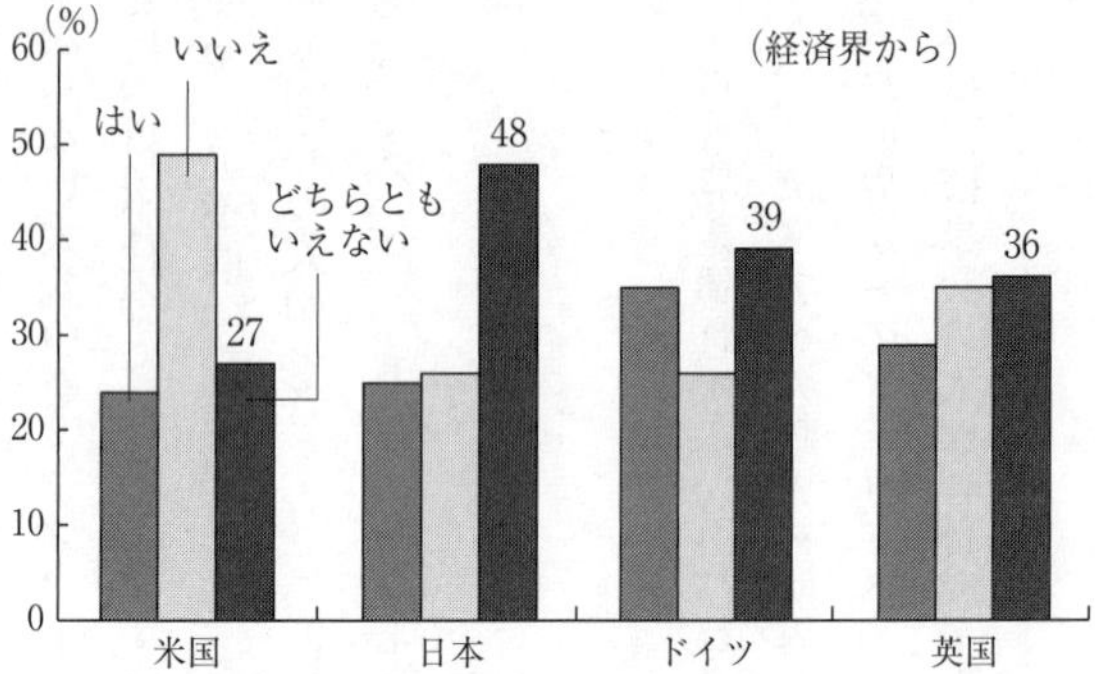

(注)「はい」は「強く賛成する」「ほぼ賛成する」,「いいえ」は「強く反対する」「ほぼ反対する」の合計.図中の数字は「どちらともいえない」(賛成でも反対でもない)の割合

(出典) ロイター・ジャーナリズム研究所『デジタル・ニュース・レポート 2017』のデータをもとに筆者作成

図 4-2 メディアへの不当な介入があると思うか

まな圧力、広告代理店や営利企業から新聞社およびテレビ局への介入、原子力エネルギーに関する新聞やテレビ報道のあり方、そして長年にわたって議論のある記者クラブや政治記者（番記者）の問題など、メディアと権力とカネの問題についてさまざまな場所で批判的に論じ、問題提起してきたつもりだ。それだけに、こうして政界や財界からの影響があると思うかという質問に対して、半数の人が「どちらともいえない」と回答していることに、力不足を痛感する。おそらくは、政治家やジャーナリスト、知識人レベルでもメディアに対する問題認識が共有されておらず、したがって市民にも問題意識が伝わらない。日本では他国にも増して、メディアに対する問題意識が高まっていないと考えるのが妥当だろう。

メディア側も、往年の「慣れ親しみ」状態のまま、強い問題意識をあまりもたず、静かについてくるメディア利用者を対象とした紙面づくり、番組づくりを心がけてきたように思う。発表される政府や企業の情報はすべて無難にカバーし、大きな論争にはあえて手をつけない。また、メディアの企業や組織としてのイメージも、こうした「静かなマジョリティ」に対してアピールするよう、お茶の間的「親しみ」をアピールして宣伝する。したがって、たとえば『ニューヨーク・タイムズ』に見られるような、過激とも受け止められる識者たちの多事争論の寄稿、ドイツの高級紙に見られる、あたかも研究論文のような難しく長い分析記事、ましてや英国大衆紙のような根拠も怪しい過激で猥雑《わいざつ》な虚報などは、いずれも日本の主流新聞ではほとんど見られない。

テーマでいえば、皇室批判、戦時犯罪、死刑存置、宗教関連などは、日本が抱える重大な課題だと思うが、いまのところ、これらのテーマについて主流メディアが率先して世論形成の原動力となろうとする気配は感じられない。テレビのほうも、実験的あるいは新たな議題設定をするドキュメンタリーなどは、ゴールデンタイムではなかなか放送されず、視聴率を稼げる情報番組やバラエティがますます目につく。

最大公約数的関心を中心とした無難なコンテンツ頼みが功を奏してか、日本は世界で信頼度ランクが低いわりに、他国よりも新聞部数もテレビ視聴時間も減少速度は遅い。さらに、記事や番組に対しても、無難なだけに信頼が高止まる。こうして、これまでどおり同じメンバーが同じ枠組みで、つまり慣れ親しみに頼った紙面づくり、番組づくり、企業イメージを踏襲しつつ、その枠組みの内側でいかに他社との細かな差異をつけるかが各社の「戦略」となる。

こうしたことを書くと、日々、部数収入、広告収入、視聴率、コマーシャル料の下げが止まらない現実と戦っている現場の方々からは異論があるかもしれない。たしかに現場はさまざまな課題に直面してたいへんだと聞く。しかし、国際的な状況から眺めれば、日本のメディア組織や企業が向いている方向は、戦前から続く「大マスメディア」の寡占状態の維持とその職業文化を踏襲・継承する姿に映る。何より、将来の顧客像が定まらない。いま、ネットを中心に能動的かつ積極的にメディアを選択するユーザーが広がっているが、新聞やテレビは、先代から続く宅配購読をそのままにし、時計がわりの「ながら視聴」でテレビをつけっぱなしにしている消費者の姿に依存している。

このような戦略は、近年のデジタル化によるメディア環境の激変、それに伴うメディア利用の変化を無視しており、いつまでもこのままでは立ち行かないことに、うすうす気づいている人たちがいるのも当然だろう。実際、統計で確認はできないものの、若手を中心に、主流メディア企業から「ヤフー・ニュース」「ドワンゴ」「ハフポスト」「バズフィード」「ニューズ・ピックス」などの人気ニュースサイト社に移籍する記者たちが目立ちはじめている。

新聞社やテレビ局は、新卒の学生たちに人気の高い就職先だ。給与も高いことで知られている。しかし、こうした旧態依然とした職業文化に愛想をつかして大メディアをあとにする人たちが、最近ちらほら現れはじめている。

漠然とした不信

産業構造をなんとか現状維持し、何十年と続いてきた「慣れ親しみ」で顧客をつなぎとめようとする日本のメディア界の様子を見てきたが、さらに日本のメディアへの「信頼」ならびに「不信」の内実を示す興味深いデータがあるので見てみよう。

メディア研究者稲増一憲《いなますかずのり》は、二〇一五年五月にNHK放送文化研究所とともに実施した調査の結果をもとに、メディアの信頼に関して興味深い分析を行っている（稲増、二〇一六年）。一つは、政党支持とメディアの信頼との関連があるかという点についてだが、同調査のデータからは関連は見られなかった。稲増は、米国では、政治家たちによる党派性に基づいたメディア批判が、一般市民のメディア不信の一因になっているという結果を引用しながら、そのような不信は日本には当てはまらないことを指摘している。この点は、日本の大半の読者や視聴者は、自分の主義主張に合ったメディアを能動的に選びとる必要性を感じていないという前項の結論とも合致する見解である。ロイター・ジャーナリズム研究所のデータでも、日本で「メディアを信頼しない」と答えた人の割合は左派が四四・七％、右派が四三％、中道が四〇・二％で大きな差は見られなかった（回答を「信頼する」「信頼しない」「どちらともいえない」で集計）。米国のように、特定のメディアを「友だち」と呼んだり、「フェイク・ニュース」と罵ったりするような状況は日本では一部の例外を除き、大半は考えられない。

稲増の研究は次のような結果も示している。

彼は、さまざまな社会の制度（総理大臣、裁判所、警察、自衛隊など）とともに、新聞社とテレビ局への信頼について尋ねた。それによると、新聞社を「とても信頼している」「かなり信頼している」の合計は三八・二％のみ。「あまり信頼していない」「まったく信頼していない」の合計六〇％をはるかに下回った。テレビ局はさらに信頼度が低く、「とても信頼している」「かなり信頼している」の合計は三二・七％で「あまり信頼していない」「まったく信頼していない」の合計六六％の半分以下である。

稲増はしかし、こうした低い信頼度の結果から「マスメディアが有権者に見放されていると結論付けるのは早計である」として別の集計結果を見せている。それは、「テレビのニュース」「新聞の記事」「週刊誌・雑誌の記事」「ポータルサイトのニュース」「掲示板やブログ」を信頼しているかどうかを尋ねた結果である。それによると、テレビのニュースを「とても信頼している」「まあ信頼している」と答えた人は七三％、新聞記事では七一％あったという。これは、週刊誌・雑誌の記事、ポータルサイトのニュース、掲示板やブログの信頼度が三割以下であるのとは対照的である。多くの人は、メディア企業や組織には信頼を置いていないが、記事には信頼を置いているということになる。

つまり、日本では、メディアの組織に対しては漠然とした不信感を抱いているものの、記事や番組そのものには相対的に信頼を置いているわけである。

なぜこうなるのか。一つには、私たちはふだん新聞社やテレビ局の人間とは接していないが、新聞やテレビの報道には接しており、経験的にネットや週刊誌の報道よりは信頼が置けるのではないかという感覚があるからだろう。

また、稲増の調査によれば、新聞記事やテレビニュースに接する頻度が高い人ほど、新聞社、テレビ局にも、そしてその記事や番組にも信頼度が高くなるのである。実際に「読んでいる」「見ている」ことが信頼につながる（だから新聞を購読する、テレビを視聴する）のならば、この国の新聞の普及率の高さ、テレビ視聴時間の長さを考えると、もう少し全体の信頼度が高くなってもよさそうな気もする。新聞購読やテレビ視聴時間として発表される数字は、メディア事業者への信頼の証とは異なる数字であることを示唆している。高度成長期、新聞が売れに売れ、テレビはお茶の間の王様と呼ばれていたが、そこで達成された実績は、情報媒体としてほかの選択肢のない状況で培われたものだった。

稲増がさらに指摘しているのは、インターネットで他人の意見に接触していればいるほど、新聞社・テレビ局に対しても、新聞記事・テレビニュースに対しても、信頼度が低くなるという点だ。近年の若年層は圧倒的にネットとの接触が多いことから、ネットとの接触が信頼度にマイナスだというのもうなずける。

メディアと市民の距離

日本では、ニュースにはそこそこ関心があるものの、メディア産業の構造への関心が薄く、「メディア不信」はさほどテーマになっていない――この結論は、本書の読者の印象とは異なるかもしれない。日本の「メディア不信」から連想されるのは、近年、日本でも話題の「ネトウヨ」、いわゆる「ネット右翼」である。この「ネトウヨ」たちこそ、新聞社やテレビ局を「マスゴミ」として非難することで有名だ。稲増は、ネトウヨたちをはじめとするネット上のメディア批判と接することによってメディア不信が高まると指摘していた。とはいえ、いわゆる「ネトウヨ」たちのメディア批判は、「メディア不信」現象の一部の引き金になってはいるかもしれないが、それがすべてではない。

たしかに、ネットに書き込みをしてメディア批判をくり広げる少数の活発な活動家たちの影響力はあるだろう。しかし、メディア研究者辻大介が指摘するとおり、「ネット利用者全般における「ネット右翼」の比率は、実際には一％未満」ほどで、つまり少数なのだ(辻大介、二〇一七年)。

私は、現在日本全体に蔓延する「メディア不信」は、これとはやや異なる、なんとなく不信感を募らせ、できればメディアとの関わりを避けようとする、そんな消極的な受け手の姿を指しているように思う。したがって、欧米のように、自らの声を反映する「マイ・メディア」や「オルターナティヴ・メディア」を性急に求めるような動きにはつながっていない。つまり、メディアからの情報はいったん受け取りはするものの、それ以上は「無関心」「無関与」という状態こそが、現代日本流のメディア不信の表現ではないかと私は考えている。

理由の一つには、日本の現場の記者たちが、日常の取材で日々「メディア不信」を味わっていると語っているのを耳にするからである。

たとえば、記者たちが悩んでいる現象の一つに、「匿名発表」の増加がある。近年では、二〇一五年九月茨城県常総市の水害、一六年九月台風一〇号の豪雨被害などで、行方不明者などの氏名を自治体が非公表とする例が報告されている。報道活動に背を向ける自治体や市民たち。これは一つの「メディア不信」のパターンではないか。

私は、実名報道が一〇〇％必要だとは決して思っていない。むしろ、逆である。しかし、自治体、学校、企業などあらゆる組織で、メディアとはなるべく関わらないでおこうという雰囲気が広がっているのが気になる。その結果、取材はできても首なし映像やボカシ、モザイクが入ったニュース映像も目立つ。これを受けて、二〇一四年六月、ＢＰＯ「放送と人権等権利に関する委員会」委員長三宅弘(当時)は、「顔なしインタビュー等についての要望」と題する委員長談話を発表し、この現象に警告を発した。

こうした状況からは、応じたインタビューがどう使われ、どんな結果につながるのか、メディアや取材者を信用していない市民の態度が見え隠れする。多くの日本人は、メディアとはなるべく関わらないでおこうとメディアとの関係を消極的に考えている。市民たちは、自分たちとメディアとのつながりが、民主社会のあり方につながっているという発想がもてない。そして、自分たちの無関心や無関与が報道の質を落とし、社会全体の匿名化を促し、ひいては民主主義にも影響を与えるという考えに至らない。市民とメディアの間は、果てしなく遠い。

薄い市民の影

私は、一般市民の無関心・無関与を指摘することで、市民の側を批判するつもりは毛頭ない。ここではむしろ、メディアの側がこれまで市民が参加に消極的であることをいいことに、それを企業として利用して成長した結果、気がつけば人心が離れているのではないかということを指摘したまでだ。

読者視聴者を軽視した態度は、たとえば、拡張団などの押し売りまがいのグループを投入して景品などで強引にセールスをしてきた新聞社の商慣行や、番組のもっとも重要な部分におかまいなしにコマーシャルを挿入したり、定時からずらして番組を開始するような小手先の編成をして視聴率を持続させようとするテレビ局の姿勢などにも垣間見える。日本のマジョリティを占める静かな市民たちは、メディアにとっては市場拡大のための格好のターゲットとなる。そうしたことが少しずつ市民を遠ざけ、ボディーブローのように、「メディア」という社会の財産を弱らせていった。

読者視聴者を軽視した姿勢は、民主主義にも直接関わっている。私が二〇〇九年に調査した国際比較にそれが表れていたので紹介しておこう。この調査は、世界九か国で一斉に、各国の主要基幹メディア(日本では『朝日新聞』、『読売新聞』、NHK「ニュース7」、テレビ朝日「報道ステーション」、「ヤフー・ニュース」を調査対象とした)の内容とメディアの利用、および政治と社会に関する意識ならびに知識(各国約一〇〇〇人、インターネット調査、サンプルマッチング方式)を同時調査したものである。それによると、日本のテレビニュース番組の報道で「一般人・市民団体」の声を引用した割合は、引用数全体の一二%と、コロンビア、ギリシャ、イタリアなどと並んで最低レベルだった。

こうした状況を、「自分たちが政治に働きかければ、それだけの効果はある」という政治の「内的有効性感覚」の回答との関係で見てみた。するとメディアに、市民や市民団体、NGOなどの声が引用されていたり、反映されていたりする国ほど、市民が、自分たちが政治へ何らかの働きかけをすれば、それだけ効果が上がると実感する度合いが強くなることがわかった。

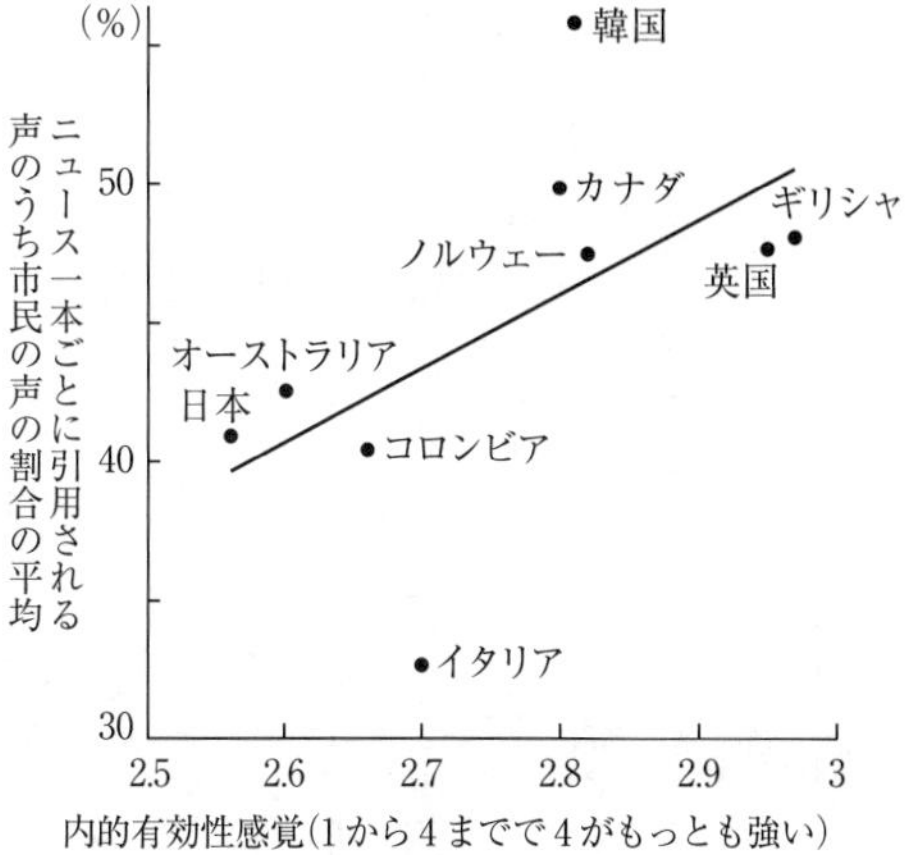

(出典) Curran et al., 2014

図4-3 テレビニュースにおける市民の声の引用と政治的有効性感覚との関係

図4-3で見るとおり、日本では、九か国のうちメディアに市民や市民団体(NGOやNPO)の声が取り上げられる回数が少なく、内的有効性感覚も最低レベルだった。

また、同じ調査で、メディアの引用源の性

別を調べたところ、日本の場合、性別不明の引用源が他国に比べて際立って高かった（図4－4）。

これは、世界的に新聞やテレビの情報源には女性が少ないという仮説をもとに調査したわけだが、図らずも日本では、情報源の性別の問題よりも、情報源の顔の見えなさ、不透明さが浮き彫りとなってしまった。しかも、新聞、テレビ両方にその傾向が明らかである。日本の場合、引用する情報源は個人ではなく、組織であったり、匿名であったりする割合が多いために、こうした、だれだかわからない情報源が突出する結果になったと推測できる。

藤田博司は、著書『どうする情報源――報道改革の分水嶺』（二〇一〇年）で、情報源の開示と透明化こそ、報道改革の要であり、メディアの信頼を取り戻す方策だと問題提起している。しかし、日本でこうした方法をとおして信頼を回復するには時間がかかりそうだ。いまのところ、「メディア不信」の広がりの中、個人は自分の名前を出したり、顔を出したりしてメディアに引用されることを忌避することが一つの潮流のようだ。また、メディア側にも組織のブランドや肩書きの方を信頼する慣行が定着していると見える。

結局、メディアと市民との関係はすれ違いが多く、多くの市民たちは、メディアに積極的に関わる理由がわからないと思っているのではないだろうか。そして、この「関わる理由がわか

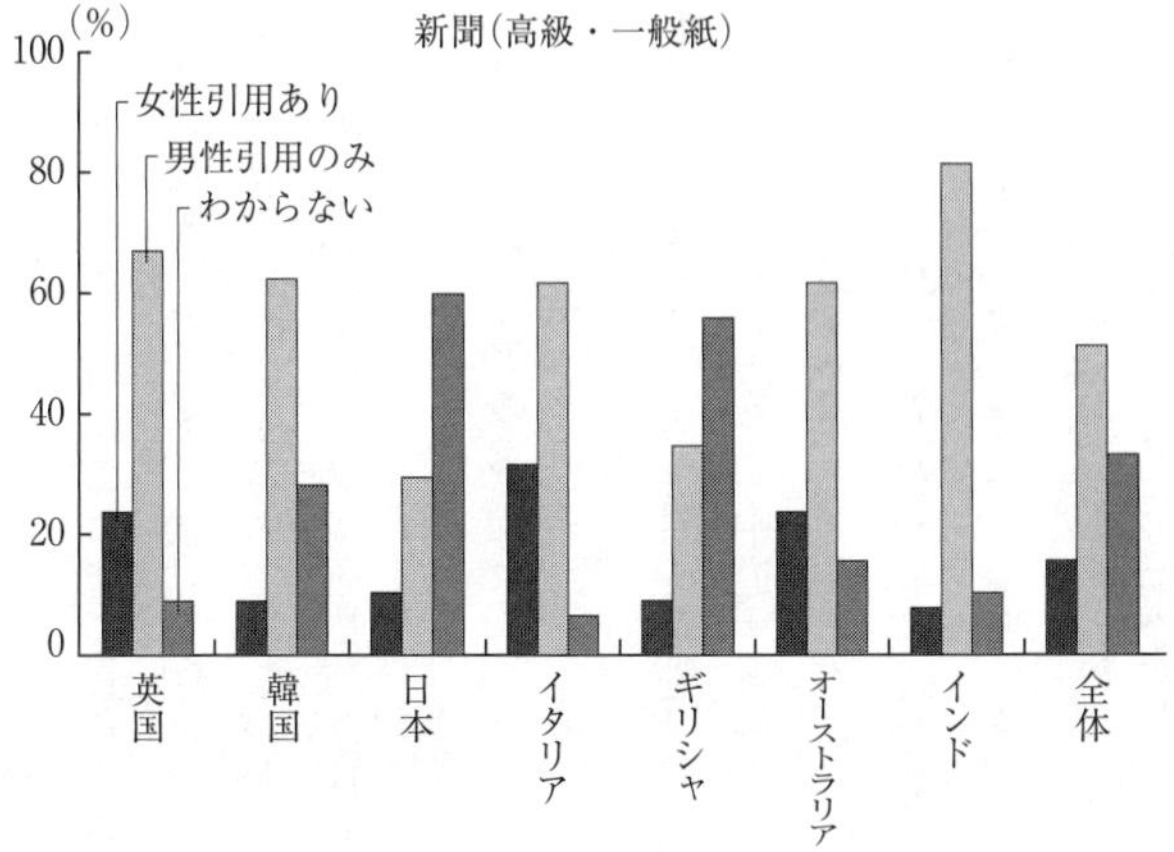

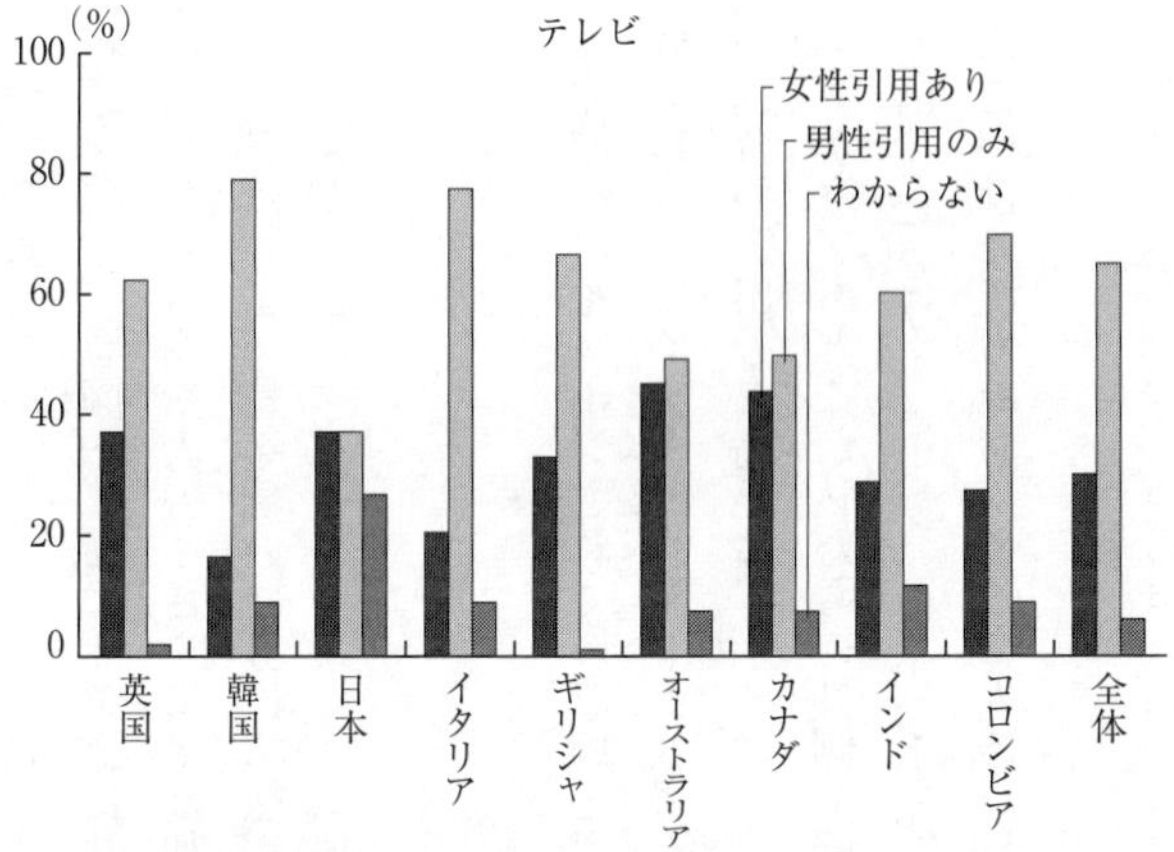

(注)　記事や番組中，1回でも女性の声を引用していれば「女性引用あり」，男性ばかりの場合「男性引用のみ」，引用があるが，性別がわからない場合は「わからない」として仕分けした

(出典)　国際共同研究より．2010年5月〜6月実施．なお，国によって調査の一部を実施していないため，新聞は7か国，テレビは9か国比較になっている

図 4-4　ニュースの情報源について

らない」というのは、日本の「メディア不信」の表現であり、この状態は、市民の側というより、メディアの側がこれまで長らく寡占状態を続け、意図的にせよ無意識にせよ、政府や企業の声は反映させても、公共空間における市民たちの言論や表現、さらには参加や存在を軽んじてきた歴史と関係するのではないか。メディアはいま、長年続いた寡占状態、そこから生まれた閉鎖的職業文化のツケを払わされていると私は考えている。

日本のメディアの党派性

ここまで、日本では一般的にメディアに党派性がイメージされていないと書いてきた。実際、日本はそもそも、党派性を忌避するお国柄である。ロイター・ジャーナリズム研究所のデータでも、政治的立場を「中道」と答えた人の割合が突出して高い(図4-5)。

こうした数字を見ると、日本には政治もメディアもどこか私たちの外側で確定された「公的事象」であり、したがってさほど意見もない、というイメージが浮かび上がってくる。「メディア」を「新聞」や「テレビ」と具体的に言い換えてもなお、多くの人の意見は、漠然としたままではないだろうか。

しかし、「メディア」に漠然とした公的イメージを投影する傍ら、新聞によっては、読者のパーソナルな嗜好に沿う党派性を打ち出す社もある。とくに『産経新聞』の保守化、右傾化（歴史修正主義、安倍現政権擁護）と『東京新聞』の左傾化（原発反対、安倍現政権批判）が顕著であると言われているし、また『読売新聞』も、自民党および政権寄りであることも、つとに指摘されている。新聞社の意見傾向とその変遷については、今後、指標などをつくって精査が必要だろう。

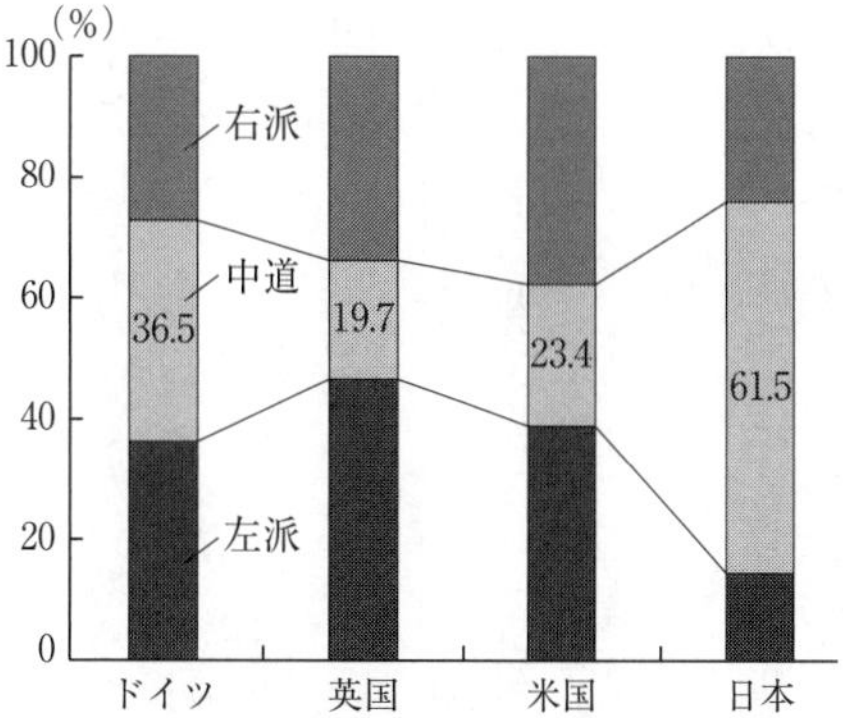

（注）　政治的立場は自己申告制に基づく
（出典）　ロイター・ジャーナリズム研究所『デジタル・ニュース・レポート 2017』のデータをもとに筆者作成

図 4-5　各国における政治的立場の分布状況

とくに『産経新聞』の言論が右傾化しており、排外主義的な言論が目に付く。同社は、この傾向を新聞のブランディングに使っているようで、とくに「歴史認識問題」、太平洋戦争中の「慰安婦」をめぐる報道がその中核的位置付けにある。産経新聞社発行『歴史戦』（二〇一四年）のサブタイトルは、「朝日新聞が世界にまいた「慰安婦」の嘘を討つ」である。こうした例から、日本でも敵対するメディアへの不信感を煽る言説は確実に存在することがわかる。問題は、そうしたタイプの「不信」が、日本全体の「メディア不信」に対してどのような作用をもち、今後どう影響していくかであろう。

ジャーナリスト上丸《じょうまる》洋一の調査によると、産経新聞社は、一九八一年九月号の同社の論壇誌『正論』ではじめて「朝日新聞は必要か」という特集を組んだという。それまでは、『朝日新聞』を名指しで批判することは個別の記事では見られたものの、朝日批判で特集を組むことはなかった。しかし、次第に『正論』、そして当時のもう一つの保守論壇誌『諸君!』(文藝春秋社発行、二〇〇九年休刊)は、「新聞批判」と称して「朝日新聞批判」を展開していった。

一九九〇年代には、『産経新聞』は「自由主義史観」に注目し、当時の住田良能《ながよし》編集局長(のち社長)が「自由主義史観研究会」代表の藤岡信勝《のぶかつ》元東京大学教授に紙面連載を依頼。一九九六年一月一五日から『産経新聞』オピニオン面に藤岡と「自由主義史観研究会」のメンバーによる連載「教科書が教えない歴史」がはじまった。「自由主義史観」とは、八〇年代の教科書検定問題以降、戦後の進歩的な歴史観から「自由」であろうとする運動で、具体的には、東京裁判や南京事件などを「自虐史観」という名で疑問を投げかけ批判する。

『産経新聞』はこれ以降、保守知識人との交流とともに、保守政治家とも関係を強めながら、リベラル代表としての『朝日新聞』を標的にすることによって自らの媒体アイデンティティを確定していった。二〇一四年四月からは先の「歴史戦」と題するシリーズを開始し、とりわけ「慰安婦」問題を重点的に取り上げて『朝日新聞』を批判してきた。

『産経新聞』と読者の関係

こうした『産経新聞』の保守化、右傾化、それに伴う『朝日新聞』批判が社会においてどこまで認知され、それがメディア全体の信頼とどのように関わっているかについては、いまのところ実証的に確認することは難しい。

しかし、産経と読者の関係については、他紙とはやや異なるというデータが存在する。二〇一六年一〇月のビデオリサーチ社のJ-READ調査では、『産経』『朝日』『毎日』『読売』の四紙で読者意識を比較している。数字のパーセントは、関東、関西サンプル九〇一七人のうち、各紙をその週に読んだと答えた読者数を分析母数にしている。『産経』と『毎日』への到達率は六・六%、『朝日』への到達率は二二・四%、『読売』は二九・二%であった。

表4-1と表4-2は、メディアの信頼に関連があると思われるものを抜粋した。これを見ると、『産経』は「記事が信頼できる」「論調や考え方に共感できる」とする割合が他紙に比べて高く、他紙と比較して「他にはない記事がのっている」「新しい問題を多く投げかけている」

表 4-1　読者による紙面評価(抜粋)　(%)

	産経	朝日	毎日	読売
記事が信頼できる	31.1	27.1	22.7	26.0
論調や考え方に共感できる	36.4	17.6	16.8	13.1
他にはない記事がのっている	12.6	4.5	5.5	4.8
新しい問題を多く投げかけている	14.0	11.5	8.6	4.6

表 4-2　閲覧する記事　(%)

	産経	朝日	毎日	読売
政治	65.7	61.0	62.5	56.9
国際記事(ニュース)	53.1	49.2	50.3	45.7
経済	43.2	37.6	38.9	35.7
社説・論説	34.5	33.9	28.6	25.9

(注)　各項の分析母数は，該当紙を週 1 回読んだと答えた人，調査対象は関東＋関西地区(＝9,017 人)

(出典)　表 4-1，4-2 ともに，データはビデオリサーチ J-READ 調査より．2016 年 10 月実施

と、読者ニーズに応えている様子も窺える。

また、読者が政治、国際記事、経済、社説・論説など、いわゆる硬派の「報道」を読んでいると答えている割合も他紙に比べて高い。

一方で、最大発行部数を誇り、実際の到達率ももっとも高い『読売新聞』は、政治面、社説・論説面を読んでいる人の割合が四紙のうちもっとも低い。二〇一七年五月八日、衆院予算委員会で安倍首相が「自民党総裁としての考え方は読売新聞に相当詳しく書いてあるから、ぜひ熟読していただきたい」と勧めたが、多くの『読売』の読者は政治や社説を読んでいないのが現実のようだ。

このデータを見ていると、『産経新聞』と読者との間には、ロイター・ジャーナリズム研究所が世界比較で質問した「マイ・メディア」への信頼があると推測できる。『産経』読者は、欧米的に、自分のメディアとメディア一般を区別している傾向がある。

私は『産経新聞』を毎朝読んでいる一人として、個人的にその論調に賛同できない。しかし、同紙は八〇年代、産経新聞社がもつ『正論』という論壇誌上で論争となった「進歩的文化人」「左翼的知識人」批判を『産経』本紙へも展開し、それに連なる「朝日新聞批判」を自社の社論的な論点として位置付け、そこから保守系知識人、政界、ネット言論界、そしてさまざまな市民運動をも巻き込んで読者との絆をつなげていった。こうした産経新聞社の戦略は、メディア横断的に社の主義主張を展開し、世論にアピールしていった一つの実践例だと見ている。同紙は、日本の新聞でもっとも保守的で、右翼言論媒体の一つと言えるが、読者との関係、ネットメディアとの付き合い方、市民団体や社会運動との関係構築、政権とのパイプづくりなどは、日本ではめずらしい欧米的「社会運動連動型」「イデオロギー主張型」のメディア実践だ。

『産経新聞』は経済的には苦境にあると聞いている。そうした状況の中、この三〇年ほど現状のままでは立ち行かないという危機感をもち、ほかの新聞とは異なった読者との関係を模索してきた様子が窺える。現在の『産経新聞』のターゲットは、「無関心」で静かについてくる消費者ではない。同紙は、日本的な「無関心」の不信や「慣れ親しみ」とは異なる、読者からの積極的な「信頼」を獲得するようなコンテンツをアピールし、それとひきかえに、敵対する媒体への「不信」を要求している。

右派「草の根」運動とメディア

『産経新聞』の朝日批判は、右派の市民運動ならびに右派のネット言論と近い関係にある。ネットメディアにおけるメディア批判が、「メディア不信」を招いているという稲増の指摘があったので、ここで日本におけるメディア批判の市民運動やネット活動についても少々言及したい。

ネット上のメディア批判は近年多く見られるが、このほかに目立つ動きは、市民デモ、そして特定のメディアへの訴訟である。

その一つに、二〇〇九年四月五日にNHK総合で放送されたNHKスペシャル「シリーズJAPANデビュー」の第一回「アジアの〝一等国〟」がある。同番組は「事実に反するばかりか、一方的ないわゆる「やらせ」取材をし、虚偽の事実を捏造し、極めて悪質で偏向したもの」(訴状より抜粋)として、台湾の番組出演者、および視聴者を含めた計一万三三五人がNHK

に慰謝料など計約一億一〇〇〇万円の損害賠償を求めて集団訴訟を起こした（第一審（東京地方裁判所）で原告の敗訴（請求棄却）となった）。

この集団訴訟の一連の行動をとりまとめたのが「頑張れ日本！全国行動委員会」（以下、「頑張れ」）で、この団体はこのほかにも、さまざまなメディアへの抗議活動をしている。たとえば、二〇一一年八月には台場のフジテレビ前で、同局の番組編成が「韓流ドラマへ偏重している」と批判するデモ行進をした。そして、一四年一〇月には「朝日新聞を糺《ただ》す国民会議」（以下、「国民会議」）を設立。会議代表は渡部昇一《わたなべ》（上智大学名誉教授、故人）、事務局長は水島総《さとる》（日本文化チャンネル桜社長）である。

この「国民会議」の目的は、『朝日新聞』による「慰安婦」報道問題によって「国内外で貶められた日本と日本国民の名誉と誇りを取り戻す」（「国民会議」ホームページより）ことである。「国民会議」は、そのために原告団を結成し、東京地裁に朝日新聞を提訴したが、一審、控訴審ともに原告の訴えは棄却された。「国民会議」のホームページにアップされている訴状によると「謝罪広告」ならびに「原告一人に対して、少なくとも金一万円の損害金（慰謝料）」を要求している。しかし、実際は、原告側弁護人はこうした司法の場に提訴することによって裁判官から朝日新聞へ「たしなめる一言でも最低欲しいと思っている」「結論的には、まあ、一人一万円で二億円払えなんていう判決が出ることはあり得ませんけど」（二〇一七年七月二一日「朝日新聞集団訴訟」控訴審・第三回口頭弁論〜街頭演説 及び 報告会のビデオより）と言っていることから、勝訴を狙うのではなく、提訴による社会へのテーマ設定と存在感のアピールを狙っているようだ。控訴棄却後も「報道の偏向や欺瞞《ぎまん》に気付いた人々の努力によって、戦後日本を席巻してきた朝日新聞をはじめとする反日メディアの影響力は徐々に削がれてきています」とホームページで成果を強調している。このほか、「頑張れ」のホームページには、非難の対象として、『沖縄タイムス』、ＴＢＳ、個人名ではみのもんた、若宮啓文《よしぶみ》朝日新聞主筆（故人）といった名前が見える。

さらに、団体の行動はどこまでも「在野」「草の根」であり、「忘れられた市民」たちが立ち上がって大企業に抗議するという構図を強調している。それは、この団体のスローガンである「草莽崛起《そうもうくっき》」という言葉からも読み取れる。この言葉は、「志を持った在野の人々こそが日本の変革を担う原動力になる」という意味だそうで、「頑張れ」幹事長水島が社長を務める「日本文化チャンネル桜」（以下、「チャンネル桜」）の社是でもあるという。

「草の根」運動は、「大メディア」批判をすることによって、「普通の人々」が抱いてきたリベラル・エリートへの怒りを代弁する。これこそまさに、ドイツにも英国にも米国にも見られた「メディア不信」の形であった。

左派の市民運動とメディア

メディア批判は、もちろん右派からだけではない。左派の市民団体、左派の学者からも強いメディア批判がある。しかし、『産経新聞』や「チャンネル桜」が、政治家、評論家、市民運動とのネットワークの中でメディア批判、メディア企業抗議デモ行動、ならびにメディア企業を相手取った訴訟活動を活発に行っているのに対し、左派の行動はどこか個別バラバラで広がりに欠ける。

市民運動とメディアの関係で考えるなら、たとえば、「戦争と女性への暴力」日本ネットワーク(通称「VAWW-NETジャパン」、二〇一一年九月より「戦争と女性への暴力」リサーチ・アクション・センター(Violence Against Women in War Research Action Center、通称VAWW RAC(バウラック)に改称))がある。同団体は、二〇〇〇年一二月八日から三日間、「民衆法廷」として戦時中の「日本軍性奴隷制」問題を扱った女性国際戦犯法廷を主催した。これは、研究者や市民が連携して、「民衆法廷」として「『慰安婦』制度という日本軍性奴隷制が女性に対する戦争犯罪であった真相を明らかにします」(VAWW RACホームページより)として開かれたものだ。昭和天皇有罪の判決を下すなど、当時国際的にも大きな話題を呼んだ。

ＮＨＫ教育テレビは、この模様を、二〇〇一年一月三〇日に「ＥＴＶ二〇〇一シリーズ戦争をどう裁くか」の第二夜に「問われる戦時性暴力」と題して放送した。しかし、結果的に、ＶＡＷＷ-ＮＥＴジャパンは、番組の内容について、ＶＡＷＷ-ＮＥＴジャパンおよびＮＨＫの間で事前に同意していた企画内容とはかけ離れているとしてＮＨＫを提訴。裁判そのものは〇八年六月にＶＡＷＷ-ＮＥＴジャパン側の敗訴が確定した。

しかしこの事件は、二〇〇五年一月一二日に『朝日新聞』が、番組内容に対して中川昭一、安倍晋三という二人の有力自民党国会議員からの圧力があったことを報じたため、対立構図が「ＶＡＷＷ-ＮＥＴジャパン対ＮＨＫ」から、「朝日新聞社対ＮＨＫ」へと変化した。詳しい経緯はすでに多数の著書が出版されているので省略するが、当時、不自然な形に改竄《かいざん》したとして提訴されたＮＨＫと、後日、その改竄は有力政治家の介入によってなされたと報じた『朝日新聞』は、全面対立をすることになった。『朝日新聞』が政治家介入を報じたあと、ＮＨＫ内部からもディレクターたちから内部告発があったものの、ＮＨＫ側は、自民調査チームの「報道は虚偽」という見解を繰り返し報道し、自らも介入があったことを否定。最終的には、新聞各紙およびテレビ報道も『朝日新聞』の検証の甘さを批判し、『朝日新聞』も後に社長の記者会見を開き、取材の不十分さを認めて「事態収拾」となった。結局、VAWW-NETジャパンはこの時点で、このメディア論争からはおいてきぼりにされた印象がある。

すでに見たとおり、右派の『産経新聞』が市民団体や衛星チャンネルやネットメディアを巻き込みながら朝日新聞批判、NHK批判を展開しているのに比べて、『朝日新聞』は、たとえばVAWW-NETジャパンなど、左派市民団体との関係は今日もどこか距離を置いた関係にあるように見える。そのような姿勢は、一方で、朝日新聞社側が新聞編集の独立を守り、「あらゆる勢力からの干渉を排するとともに、利用されないよう自戒しなければならない」(日本新聞協会新聞倫理綱領)という報道倫理を誠実に踏襲しているのかもしれない。しかし、ある社会グループとの関係性を維持することと、そのグループからの独立を犠牲にすることとは、同じではないはずだ。朝日新聞社は、「報道の独立」「客観性」を犠牲にしているという批判を恐れるがゆえに、社会グループや草の根市民団体とのネットワークまで犠牲にしてしまっているように見える。

そうした市民グループとの冷たい関係が表れたのは、二〇一四年八月に『朝日新聞』による慰安婦報道問題が再燃したときである。当時、私はメディア研究者の立場から朝日新聞慰安婦報道を検証する第三者委員会のメンバーに任用された。しかし、この第三者委員会には、長年慰安婦問題に取り組んできた研究者やNGOのメンバーは一人も入っていなかった。そのかわり、メディアなどでよく知られた元外交官や政治学者などがメンバーとして名を連ね、さらに就任には至らなかったが、保守派の歴史家として有名な秦郁彦《はたいくひこ》に打診をしていたことも後日明らかになった(秦、二〇一五年)。これでは、朝日新聞は、社の報道検証に際して、長年慰安婦問題に取り組んできた市民団体や研究者を信頼していなかったと目されても仕方がない。

そして、この「朝日新聞慰安婦報道事件」では、論調がリベラル左派と目されるもう一つの全国紙『毎日新聞』も、朝日新聞批判に回った。また左派の市民団体、学者、知識人の多くも、『朝日新聞』の検証のやり方を批判した。当時、左派論壇には、ほとんど協調したアクションはなかったと言ってよい。

さらに言えば、二〇〇九年九月から一二年一二月まで存続した民主党政権の際に、保守、リベラルを問わず、あらゆるメディアが最終的に「民主党バッシング」に回ったのはなぜかということを海外のジャーナリストからよく聞かれる。民主党政権には多くの問題があり、その原因はいろいろだろう。メディアは政権与党や政府からは当然のことながら距離を置いて監視する立場にある。したがって、『産経新聞』や『読売新聞』と自民党政権の関係がよいと主張するわけでもない。

しかしながら、二〇一七年一〇月時点で、左派言論の受け皿となる政治勢力の衰退は、保守・右派の台頭に比べて著しく、目に余る。現状では、最大野党であった民進党は分裂状態だ。急ごしらえの立憲民主党の立ち位置も現時点(二〇一七年一〇月)では不明で、与党の対抗軸を提供できるか確証を得られない。この状態では、左派メディアが、右傾化する政治と言論空間のカウンターバランスになることは考えにくい。右派が自民党、日本維新の会をはじめとする右派小政党、官僚機構、財界、市民団体、そして保守系メディアなどから成る多様なグループで、いわば「新右派連合」のような広がりをもって活動しているのに対し、左派の側は、左派の主張を代弁するメディア、それを実行する政党、それをとりまく各種団体、いずれも先細りの状態である。

今後、日本政治も言論界のバランスも右に傾いていくならば、いったんバランスを切り崩された言論界で「バランス」をとって報道しても、それは崩れたバランスを再生産、あるいは補強することになりかねない。「客観中立公正」な報道は、ゆがんだ言論空間のカウンターバランスにはならない。そのことは、英国のEUをめぐる国民投票の報道の際、BBCの役割と「公平性」という点で問題になったのを見ても明らかだ。

「老舗」の危機とメディアの将来

メディアの分裂は、党派性によるものだけではない。いま、日本では世代によってさらに大きく嗜好が分かれており、ここでも従前の「慣れ親しみ」に依存できる状態ではない。

とりわけ目立つのは、一〇代から二〇代だ。NHK放送文化研究所による二〇一五年国民生活時間調査によると、この年齢層は、男性も女性も新聞の接触時間が大きく減少しており、男女ともに、平日一日あたり新聞を読む時間は平均で一分から三分である。これに対して、インターネットの時間量は、一〇代男性で五一分、二〇代一時間一六分、女性も一〇代が三六分、二〇代が四五分と、格段に長い。この年齢層が将来、三〇代四〇代になったときは、どのようなメディア社会になっているだろうか。

新聞各社も、ここ数年はこの状況を察知して、余力のある限り必死で対策に取り組み、販売店の統廃合を進め、新聞の普及を途切らせないよう努力している。高齢化が進む地方では、販売店網を生かして「お年寄り見守りサービス」に取り組んだり、物販や、貸し会議室サービスを開始するなど、販売店自身も多角経営に乗り出している。しかし、現状はやはり、顧客は昔ながらの「慣れ親しみ」の客がほとんどで、紙の売り上げをあてにせざるを得ず、大きな転換を図れない。日本新聞協会によると、二〇一七年四月時点で加盟社数九七社のうち、電子新聞および有料デジタルサービスをしていると回答した社は三分の一程度の三五社にとどまっている(回答数八三社)。

テレビ局も、若者のテレビ離れが深刻で、画面がテレビからパソコンに移行することを止められないため、これまでのテレビ本体から、ネット配信のビジネスなどに力を入れるようにはなった。こうして、新聞、テレビは、静かについてくる読者・視聴者に依存しつつも、メディアを能動的に選択するネット・ユーザーに合わせて、異なるあり方を模索している。次の二十年に、日本のメディア景観がどのようになっているかは、予測不可能な状況だ。

日本の読者、視聴者たちの「メディア不信」は、静かな不信だ。新興右翼市民運動からの突き上げを受けて、戦後に培った「リベラル・コンセンサス」に基づく報道の立ち位置を見直さざるを得ないドイツ。商売をするために党派性を利用して紙面をつくり、EU離脱派のオピニオンリーダーとなる大衆紙と、それに対するEU残留派の強い反発とで混乱が続く英国。新たな嗜好に合わせて新興メディアが次々と立ち上がり、大統領の敵か味方かでメディアも社会も真っ二つに分かれている米国。これら三か国は、いずれもメディア不信が話題になっているが、その話題の中には必ず市民の姿がある。ところが、日本ではいわゆる特定のメディア企業のスキャンダルや経営予測はあっても、メディアをめぐる議論に市民の影は薄い。ジャーナリズムの問題意識に引き寄せた、市民を巻き込んだ運動にはなりにくいし、新たなメディア構想の具体化も進まない。

「不信」「不満」はあっても「関わりたくない」――市民たちがこう考える状況で、私たちは、どのようなメディア社会の将来のあり方を描けるだろうか。この点は終章でまとめて議論したい。

第5章

ソーシャル・メディアの台頭
——揺らぐ先進諸国の民主主義

広がりながら閉じていくネット空間

二〇〇一年に、米国の法学者、キャス・サンスティンが著書 *Republic.com*（邦題『インターネットは民主主義の敵か』）を出版して、すでに一六年が経つ。当時、この著書では次のことを指摘していた。

私たちは、マスメディアを利用してさまざまなニュースを知るスタイルから、ネットをとおして自分の趣味興味嗜好に合ったニュースのみを選択的に接触する傾向が強くなっている（この現象は新聞によくある名前「デイリー・ｘｘ」をもじって、「デイリー・ミー（「日刊ワタシ」のような意味）」と名づけられている）。その結果、ネット社会では、人は興味のない事柄や他者の異なる意見に出合う機会が少なくなり、互いに歩み寄って理解しようとしなくなりがちだ。仲間同士のコミュニケーションが中心になると、やがて、あたかも自分の意見が社会全体でも優越しているかのような錯覚に陥ってしまい、その延長線上にある極端な意見へと発展させる可能性が高いというのである。

サンスティンは、二〇〇七年版の *Republic.com 2.0*（未邦訳）で、さらに進行するこの傾向を危惧して、税金を投入して非営利で運営されるネット空間を確保する、サイトには必ず異なった意見のサイトのリンクを貼る、などの提案をしていた。しかし、一〇年経った今日も、そうした制度的な動きはない。むしろ、サイトの固定客を確保し、閲覧数を増やそうとする、極端な意見や思想をより明確に打ち出すサイトのほうが目立っている。

サンスティンの初版の一〇年後の二〇一一年には、ネット活動家のイーライ・パリサーが、『フィルターバブル――インターネットが隠していること』を出版した。パリサーはこの書で、過去のネット検索や購買記録の傾向から、その人にぴったりの検索結果やお薦めを予測するパーソナライズ機能の発達を問題視する。彼は、情報を各自の嗜好にカスタマイズする「パーソナライズドフィルター」をとおして、人は自分が興味をもっている情報ばかりを受け取るようになり、それによってやがて自分の欲しい情報、都合のよい情報だけに囲まれた「フィルターバブル」の中に閉じこもるだろうと指摘した。一見、ユーザーに親切な検索機能は、ネットをとおして見知らぬ他者と知り合う機会を遮断し、共通基盤としての公共的な知識をつくりにくくしている。そのことは、政治的社会的な帰結を生むであろうと警鐘《けいしょう》を鳴らしている。

サンスティンは、ネットの特性から、ネット・ユーザーは自分の興味のあるものを「取りに行く」がゆえに選択的になってしまうことを指摘した。これに対して、パリサーは、一見便利な検索機能のおかげで、ユーザーがわざわざ能動的に情報を取りに行かなくても、欲している情報を自動的に提供してもらえることに注意を促している。情報化時代と言われる現代にもかかわらず、私たちは実際は殻に閉じこもり、自分の興味の範囲でしか情報接触をしなくなってしまったというのである。

「フィルター機能」による情報の限定的な接触傾向は、近年のソーシャル・メディアの隆盛でさらに強くなっていると考えられる。多くの人は、友だちがシェアしたり、「いいね！」を押したりしたニュースをタイムラインで選択的に読むようになった。現在、さまざまな調査機関が、ネット・ユーザーに対して、どのくらいの「フィルターバブル」効果があるかを検証している。一部には、ネット・ユーザーは情報に貪欲であるために、必ずしも「フィルターバブル」に閉じこもってはいないという報告もあるが、影響は未知数だ。

ほかの懸念もある。科学技術とメディアの相互作用を研究するパブロ・ボツコフスキは、ソーシャル・メディア上では、個人的関心や情緒的ストーリーが、時事的ニュースよりも優先される傾向があることを、若いユーザーたちへのインタビュー調査の結果から指摘している。この傾向は、スマホやタブレットのデザインやユーザー・インターフェース、すなわち「アフォーダンス」に原因があると指摘している。

「ソーシャル・メディア」という言葉を検索すると、「オンライン上で、ユーザー同士が情報を交換(送受信)することによって成り立っているメディア」(「知恵蔵」)とある。フェイスブックやツイッターといったソーシャル・メディアは、このように予定を確認し合ったり、おしゃべりの続きをしたりと、家族や友だちとの日常会話に使われる。しかも、日常の流れの合間に「チェックする」のがふつうで、一か所に腰を落ち着けて長い記事をじっくり読むという雰囲気にはなりにくい。また、ソーシャル・メディア経由で受け取るニュースは、空き時間にパーソナルな情報と一緒に流れてくる「タイムライン」で読んでいることが多くなり、どうしても友だちとシェアできる情報や役に立つ情報、自分が期待する情報が目につきやすい。

今後、ソーシャル・メディアの基準がニュース・メディアの基準と重なって、私的なおしゃべりと公共ニュースの境界線があいまいになっていけば、「ニュース」への信頼の基準は、真実か真実でないか、正確かそうでないか、ではなく、発信源が友だち側からかどうか、となっていく可能性もある。ニュースの情報源として、報道機関を信用するか、友だちを信用するか。ニュース価値のヒエラルキーは変化するのか。こうした点は、現在、ボツコフスキと私とで共同研究中である。

ソーシャル・メディアが今後、「ニュース・メディア」としてどのくらい広がっていくかは予測が難しい。ロイター・ジャーナリズム研究所の『デジタル・ニュース・レポート二〇一七』では、英国と米国ではソーシャル・メディアからニュースを読む割合が明らかに増えているが、ほかの先進諸国では頭打ちであった。なぜ英米でソーシャル・メディアの隆盛が続き、他国ではそうでないのか。ネットでニュースを読む人のほうが、そうでない人たちより、どのくらい情報摂取の幅が狭く、多様性が少なく、自分の殻に閉じこもる傾向があるのか。今後、より深く長期的な分析が必要であろう。

ただ、いずれにしても、サンスティン、パリサー、ボッコフスキは、インターネットのブラウザ、ネット検索機能、そしてソーシャル・メディアのタイムラインといった、一見、技術的なサービスが、ニュースを受け取る側の「ニュース」のイメージ、期待、あるいはニュース価値の基準に変更をもたらし、ひいてはニュースの内容そのものにも変化を加える可能性を指摘している。「技術的な革新」が、知らない間に民主主義社会に重要なジャーナリズム機能を弱らせ、他者とのつながりや合意形成を可能にする公共の言論空間に亀裂をもたらし、社会の共通基盤の先細りを招くことに注意を促しているのである。

先のロイター・ジャーナリズム研究所の報告書では、社会が分裂し、集団分極化している国（ハンガリー、イタリア、米国）ほど、メディアの信頼レベルも低いことが指摘されている。本章では、こうした集団分極化が進み、社会の共通知識基盤の先細りが危ぶまれる米国の情報化社会を中心に、そこに広がるソーシャル・メディアのネットワークがどのように機能しているかを見ていきたい。ソーシャル・メディアは、社会運動や市民運動の参加者を動員し、運動内部、そして運動と社会をつなぐコミュニケーションを活発にし、連帯を助ける民主主義の道具として賞賛された時期もあった。そして、その機能は今日も続いているだろう。

しかし、二〇一六年の英国のEU離脱をめぐる国民投票、ならびに米国大統領選挙戦を境にこうした希望は後景に退き、むしろそれは社会を分断しているのではないかという懸念が出てきた。ソーシャル・メディアという情報提供チャンネルは、マスメディアをどのように相対化し、代替していくのだろうか。そして、社会をどのように組み替えていくのか。その社会的帰結はどのようなものだろうか。この章では、メディアの世界の常識を破る勢いで広がるソーシャル・メディアと「メディア不信」とが、どのように共振しているか見ていこう。

ソーシャル・メディアによる社会の分断

米国では、ソーシャル・メディアはいまや報道機関と同様のニュース源として台頭し、既存のマスメディアからの情報の流れを攪拌《かくはん》し、ニュース概念さえ組み替える勢いに成長している。

米国のシンクタンク、ピュー・リサーチセンターによると、二〇一七年八月の時点で、米国では六七％の成人がソーシャル・メディア経由でニュースを読んでいるという（ソーシャル・メディアでニュースを「たまに読む」から「頻繁に読む」と回答した人数の合計）。

ソーシャル・メディアといえば、前回、前々回の大統領選挙でオバマ大統領陣営が駆使して共和党候補を圧倒した。その手法は、候補者と支持者、支持者と支持者同士をつなぎ、社会運動の輪を広げるコミュニケーション・ツールとして利用されていった。それは、これまで選挙に受動的に関わってきた人々を主体的に巻き込み、能動的政治参加を促すエンパワーメント（権利獲得）のツールであり、社会包摂と統合のシンボルと見なされた。このほか、たとえば、二〇一〇年から一二年にかけて中東各国で起こった市民による大規模な反政府デモ、いわゆる「アラブの春」でもその機能が話題になった。

しかし、トランプのツイッター利用には、そうした市民のエンパワーメントや能動的参加というイメージの片鱗もない。トランプは、むしろ米国社会の分断の傷口をいっそう広げるようなセンセーショナルな発言を次々とツイートして、それを「大統領（候補）のツイート」としてメディアが取り上げ、さらにトランプがツイッターで応酬する。いわば、有名人とメディアの場外乱闘のような有様だ。選挙終盤には、フェイスブックと写真がメインのソーシャル・メディア、インスタグラムも含めると、推定二八〇〇万人が彼をフォローしていたと言われており、トランプ自身も、これが勝因だったことを選挙後のCBSのインタビューで認めている。

米国のリベラル系シンクタンクのブルッキングス・インスティテュートによると、二〇一六年一一月の大統領選挙直前には、トランプ氏のツイッターのフォロワーは一二九〇万人に上り、『ウォールストリート・ジャーナル』(一二二〇万人)、『ワシントン・ポスト』(七七〇万人)よりも多かった。一七年八月現在で、彼のフォロワーは約三二〇〇万人に上り、フェイスブック、ユーチューブ、インスタグラムなどを合計すると、実に延べ八六七〇万人に達するという。

いずれにしても、トランプだけでなく、ソーシャル・メディアは二〇一六年の英国のEU離脱をめぐる国民投票、一七年のフランス大統領選挙でも大きな役割を果たしたと言われている。

いま、ソーシャル・メディアの大衆的広がりは、かつて新聞やテレビがもっていたような、社会全体を下敷きにした「マス」の情報提供機能というより、社会のグループ化、細分化を強化しているという危機感が高まっている。

フェイスブックを使った心理操作

ソーシャル・メディアはしかし、社会を分断するだけでなく、操作するツールとしても注目されている。

たとえば、二〇一四年六月二日に出版された機関誌『米国科学アカデミー紀要』論文「ソーシャル・ネットワークをとおした大規模感情感染実験の証明」では、ソーシャル・メディアへの投稿によって、相手に無意識のうちに感情を感染させることが可能だという結果が出た。この研究者たちは、フェイスブック上で六八万人以上を対象に「対面的言葉のやりとり以外でも感情が感染するかどうか」を見るために、フェイスブック上でポジティヴな感情、ネガティヴな感情の表れている投稿の広がりについて大規模実験を行った。すると、どちらの場合も、対面コミュニケーションを経ずともソーシャル・メディアをとおした投稿によって、その投稿を読んだ者たちにムードが移っていくことがわかったのだった。

ちなみに、この論文は、参加者に十分に同意を得ずに実験を行ったことで、学術倫理上問題があるとして問題になった論文でもある。論文の冒頭には、編集部からの警告が付帯されているが、実験者側は、フェイスブック社のデータ利用ポリシーには従い、フェイスブックのアカウントをつくる際も同意を得ており、問題なしと主張している。また、実験はフェイスブック社内部で行われたため、研究者が所属するコーネル大学の倫理規約に従う必要はなかったとも回答している。しかし、編集部側は、一私企業であるフェイスブック社は研究の一般倫理に服する義務がないため、論文を公開せざるを得ないとしながらも、憂慮の念を表明している。

フェイスブックを介した影響力の検証研究はほかにもある。

たとえば、二〇一〇年の米国下院選挙投票日に、約六一〇〇万人ものフェイスブック・ユーザーを対象にした実験に関する論文だ。第一グループには、「投票しよう」と呼びかけ、近くの投票会場の場所を知らせる情報をフェイスブックに表示、第二グループには、このメッセージだけでなく、「投票しました」をクリックした「友だち」のプロフィールも同時に情報として出すように表示、第三グループは、投票関連の情報を受け取らないコントロール・グループ、という三つのグループに分けた。これを、投票した人々の記録（公開情報）とマッチングさせると、第一グループと第三グループでは投票した人の比率は変わらなかったが、第二グループでは、第一グループより「投票しました」をクリックした人が二％多く、投票会場の情報を検索した人も〇・三％多かった。そして、実際に投票会場に行った人も〇・四％多いという結果が出た。こうして、フェイスブックの「友だち」機能によって、投票は六万票増加し、さらにメッセージを「友だち」に拡散することによって二八万票ほどは間接的に投票が増加していると推計された。影響は発信元からメッセージを直接受け取った人だけでなく、フェイスブック・ユーザーとして登録している「友だち」、そしてその「友だちの友だち」など、間接的に受け取っている人にまで及んでいることもわかった。また、この実験では、とくにオンライン上だけでなく、対面コミュニケーションがあると考えられる「親しい友だち」として登録されている人たちに対して、強い動員力が示された。

米国は世界でも投票率が低い国の一つだ。米国国勢調査局によると、二〇一四年の下院選挙投票率は、全体で四一・九％だが、一八歳から三四歳の若年層は、二三・一％に留まった。また、人種による投票率も異なり、アフリカ系アメリカ人とヒスパニック系は、四〇・六％で、白人の四五・八％を下回り、ヒスパニック系のみだと二七％だった。こうした状況では、若者や特定のエスニックグループにも到達しやすいフェイスブックは、政治に関心がない社会グループに投票を呼びかけたり、候補者の情報を届けたりできるので、民主主義を再興する強力なツールとして期待できる。しかし、投票を呼び掛けるだけでなく、候補者の応援のための選挙キャンペーンにも有効だとなると、その効果がどのようなものかについて、新たな調査が必要になるだろう。とりわけ、フェイスブックが、「友だち」機能をとおして感情の伝染に強いという点に注意が必要だ。

一八九〇年に発表されたフランスの社会思想家、ガブリエル・タルドの『模倣の法則』(一八九〇＝二〇〇七年)は、ちょうど社会が大衆化し、拡大する中で書かれた著作である。タルドはそこで、人間は、「文明化されればされるほど、模倣的になればなるほど、自分が模倣していることを忘れてしまう」として、中世の暮らしで支配的だった宗教や魔術から解放されたとはいうものの、やはり理性だけで行動するのではないと指摘した。むしろ、社会は、「模倣」という心地よい「一種の催眠状態」において集合性を成立させると問題提起したのだった。

一九世紀末から二〇世紀に生まれたタルドの思想は、まさにいま、フェイスブックが普及する二一世紀にも通用するものだ。フェイスブックは、もちろん、オバマ政権時代に言われたように、主体的な民主主義的連帯に貢献するツールでもあろう。ただし、ツールであるがゆえに、よい方向にも、悪い方向にも使われる。「ソーシャル・ネットワーキング・サービス」とも呼ばれるこのサービスは、社会をつなげつつ、他者との分断の溝を深くする。さまざまな理由から分断状態が深刻な米国社会の中で、とくに人気のあるフェイスブックは、選挙でさらにどのように利用され、社会を変えたのか。次に二〇一六年の大統領選の例で見てみたい。

フェイスブックから割り出される人物像

二〇一六年の大統領選では、トランプ陣営のソーシャル・メディア作戦は、トランプのツイッターだけに頼っていたわけではない。同陣営はさらに深い、マイクロ・マーケティングの手法でキャンペーンを展開していたと言われている。これは近年のビッグデータと呼ばれる大量データを入手・分析し、人々の行動を予測する選挙対策である。

この手法の先駆者の一人と言われる若手研究者、ミカル・コジンスキは、二〇〇八年にケンブリッジ大学で大量データを使った計量心理学の最先端の研究室に所属していた。ポーランドから英国に来て留学生活をスタートしたばかりの彼は、心理学の世界で有名な性格特性を診断する「主要五因子性格検査」の簡単なアプリをつくって友だちに参加してもらい、この性格検査の結果と、フェイスブックをはじめとするオンライン上で集積される個人データをマッチングさせてみることを思いついた。この五因子の尺度とは、知性、勤勉性、外向性、協調性、情緒安定性(英語では、知性＝Openness、勤勉性＝Conscientiousness、外向性＝Extroversion、協調性＝Agreeableness、情緒安定性＝Neuroticism となっている。頭文字をとって、OCEAN尺度とも呼ばれる)とされている。この性格検査は心理学の世界では有名だが、多くの被験者のデータが集まって、はじめて妥当な結果が得られるという点が難点だった。しかし、アプリを開発して、ネットを舞台にすれば、多くの人が手軽にスマホで実験に参加できる。さらに、フェイスブック上で拡散していけば、被験者のフェイスブックの個人データとつなげることができるので、おもしろい結果が友だちともシェアして楽しめる。コジンスキのチームは、次々と被験者を増やしていき、やがてそのデータベースをもとに、被験者の精緻な「人となり」を予測することに成功した。

コジンスキたちは、二〇一二年には、米国で約五万八〇〇〇人の有志対象者（対象者全体で一人あたり「いいね！」の平均数六八個）をもとに、どういうタイプの人がどのようなポスティングに「いいね！」をクリックするかというパターンを割り出した。それを二者択一の選択肢で分類できる項目にまとめると、「いいね！」の押し方のパターンで、たとえば九五％の確率でその人が白人かアフリカ系アメリカ人かを言い当てることができ、八八％の確率でヘテロセクシュアルかホモセクシュアルか、八五％の確率で民主党支持者か共和党支持者かも言い当てることができることを証明した。また、この「いいね！」のパターンと、クリックした人の性格や特徴をつなぎ合わせると、そこにもあるパターンが見出せることも指摘している。彼が例として挙げているのは、たとえば、「ハローキティ」ブランドを「いいね！」した人は、好奇心が旺盛だが、勤勉性、協調性、情緒安定性に欠ける。さらに政治的には民主党支持者が多く、アフリカ系アメリカ人で、クリスチャンで、年齢は平均よりやや低い、といった結果だ。

さらに、二〇一四年に出版された論文では、コジンスキらは、一〇個ほどの「いいね！」をもとにすると、その人の職場の同僚が知る程度の人柄、性格、嗜好がわかり、「いいね！」七〇個あたりになれば、友だちと同程度、三〇〇個あたりでは暮らしを共にするパートナーと同程度の精度で、その人の性格や性向を言い当てることができるという結果を発表した。

この結果はさまざまな人の注目を浴びた。もちろん一般的に、大多数の人はフェイスブック上で個人情報をすべては公開していないし、性格テストを受ける機会もないから、だれもがここまで正確に人となりを予想できない。とはいえ、実際、フェイスブック上ではしばしば多くの簡単なオンライン調査が実施されていて、本書の読者の中にもそれに参加した人がいるのではないかと思う。告白すると、私はフェイスブックのアカウントはもっているが、あまり更新はしていないし、頻繁にチェックもしない。それにもかかわらず、一度だけ友人に勧められて、好きな色による性格テストのゲームをしたことがある。いまになって考えると、あのテストの結果データは、どこでどう利用されているのだろうと気になる。

また、フェイスブックでは、個人情報の公開を限定していても、自分の写真、友だちの人数やごく簡単なプロフィール（年齢、職業、学歴、居住地）などは公開している場合も多い。さらには、何らかの形でオンライン・ショッピング・サイトとつながっていたり、好きなブランドを「いいね！」していたり、携帯による位置情報なども入手できたりする。したがって、それらを含めた大量のデジタル情報を各個人に紐付けていけば、大きなデータベースが生まれることになる。

こうしたフェイスブック・ユーザーのプロフィールを利用して、さまざまなマーケティングが行われていることはよく知られている。企業が到達を目指す特定の層めがけて広告を打ち、それがどのくらいの時間見られて、どのような効果が上がるかを予測できるこの宣伝方法が、今回の大統領選挙に応用された。従来のように、候補者が高額なテレビ・コマーシャル枠を買い付けて、不特定多数の人宛てに大量の政治コマーシャルを流すやり方から、個別の有権者に到達して、それぞれのライフスタイルに合った、よりパーソナルなメッセージを伝えるこの方法を、トランプ陣営はうまく使ったと言われている。

「マイクロ・プロパガンダ」

スイスの週刊誌『ダス・マガツィン（*Das Magazin*）』は、「私は爆弾が存在するということを指摘しただけだ」と題するインタビュー記事で、トランプの大統領選勝利の直後、このようにフェイスブックと心理テストを組み合わせて人物分析をする手法を編み出したコジンスキに、インタビューをしている。その際、コジンスキはトランプ・キャンペーンへの関与を完全否定している。しかし、コジンスキは、同じインタビューで、二〇一四年に、同じくケンブリッジ大学の助教、アレクサンドル・コーガンという研究者をとおしてSCL(Strategic Communications Laboratories)という会社がアプローチしてきたと証言している。「一〇〇〇万人もの米国のフェイスブック・ユーザーのプロフィールを計量心理学で分析してほしい。厳しい守秘義務があるために、その目的は言えない」という申し出だったそうだ。彼は、返事をいったん保留して、SCL社のプロフィールを調べた際、軍事介入などに関与する支社などをもっていることがわかり、断ったと言っている。

コジンスキは関与を否定しているものの、彼にアプローチしたSCL社は、トランプとの関係が深い。トランプ当選翌日の二〇一六年一一月九日、英国にある小さなデータ分析会社、ケンブリッジ・アナリティカ社(CA社)のホームページには、その最高経営責任者(CEO)のA・ニックスによる次のようなコメントが掲載された。

我々の核心的なデータ駆動型コミュニケーションが大統領候補ドナルド・トランプ氏の先例なき勝利の重要な部分であったことにとても興奮しています。最先端のデータ・サイエンスと新しいテクノロジー、そして洗練したコミュニケーション戦略がうまく混ざり合うと、巨大なインパクトをもちうることを証明しました。

宣伝文句として、やや差し引いて受け止めるとしても、トランプの大統領選は、綿密なマイクロ・マーケティングの戦略が功を奏した例と言える。そのデータ分析手法のもととなっているのは、まさに、先に述べたコジンスキが使ったものだった。というのも、このCA社は、先にコジンスキにアプローチしたSCLという会社の米国の子会社なのである。

ニックスは、CA社の最高経営責任者であるとともに、SCL社の幹部としてホームページに名前が掲載されている。SCL社は、データに基づきながら社会を動かすノウハウを蓄積しており、軍事関係者の中では「サイオペ（Psychological Operations = PsyOps）」と呼ばれる心理作戦で知られ、アフガニスタンやパキスタンでのプロパガンダ活動に関わってきたとも言われている。一説には、一九九四年のネルソン・マンデラの勝利、二〇〇四年のウクライナの「オレンジ革命」にも関与していた。

このSCL社は、主に途上国の軍事政権の動向に関与しているのに対し、分社であるCA社の活動拠点は米国で、二〇一六年の米国大統領選挙に深く関わった。ホームページには、トランプほかテッド・クルーズ、ベン・カーソンをこれまで手がけた例として挙げている。同社は、フェイスブックをはじめとしたさまざまなオンライン・データ、ならびに人々が残していった

「デジタル・フットプリント（購買データやアクセス履歴、位置情報などデジタル上に残る行動の足あと）」を集めて、「ターゲット・オーディエンス」を分節化し、その人たちの行動予測をする。

このようなフェイスブックのデータを利用した選挙活動は、欧米のメディアでしばしば話題になってきた。二〇一五年一二月一一日付『ガーディアン』紙の記事によると、コーガンは、すでに一四年に自分の会社を立ち上げて、ＳＣＬ社と米国でのビッグデータプロジェクトに関わっていたという。その際、アマゾン社による「メカニカルターク（Mechanical Turk＝MTurk）」という人材募集サイトで、各人一ドルという格安でアンケート調査に協力してもらえる有志を募った。そして、このアンケート調査とともに、フェイスブックのデータも提供してもらうよう呼びかけた。提供してもらうフェイスブックのデータは、学術目的のために、匿名で安全な形で使用すると約束していた。しかしながらコーガンは、MTurkで募集した人々だけでなく、その「友だち」のデータも取り込んで、膨大なデータベースをつくりあげたという。『ガーディアン』紙は、二〇一四年当時、フェイスブック・ユーザーの一人あたりの平均の「友だち」数は三四〇人、そこから幾何級数的にデータを増やしていき、コーガンらは最終的に米国の四〇〇〇万人以上のデータを蓄積したと報じている。その会社ＧＳＲ（Global Science Research）はＳＣＬ社と契約している。

データベースを活用した選挙対策は、まず手はじめに大統領予備選で、トランプのライバルだったテキサス州選出の上院議員テッド・クルーズの戦略として採用された。再び二〇一五年一二月一一日付英国『ガーディアン』の独自調査によると、クルーズの当初の支持基盤はテキサス州の超保守派ティー・パーティ・グループとキリスト教原理主義者が中心で、全米レベルではほとんど無名だった。しかしその後、予備選最初のアイオワ州で大躍進。一躍全米の舞台に躍り出た。その陰には、CA社がもつ膨大なデータをもとにした「行動マイクロ・ターゲッティング」戦略があり、それによって戦略的に有権者にアプローチし、支持基盤を大幅に拡大したというのである。

このほか、米国ではケーブルテレビや衛星テレビが普及し、多チャンネル化が進んでおり、ここから個人データが引き出されて選挙対策に利用されているとも言われている。というのも、こうした多チャンネル・テレビは、とくに米国の農村部や地方に普及しており、各ケーブルテレビ会社は、契約世帯のプロフィールと視聴履歴をデータとして集め、それを広告会社に売り、有効なコマーシャル戦略に役立ててもらうという仕組みができあがっている。ゆえに、このデータから、どこのだれが、どのような番組を見ているかはたやすく特定できる。第3章で見たとおり、米国のテレビ・チャンネルには、FOXニュースなど、党派性が強いものがある。そのほか、宗教チャンネルや子ども向けチャンネルなど、さまざまな専門チャンネルもある。視聴契約データと視聴履歴とともに、オンラインやテレビ・ショッピングの購入履歴、ソーシャル・メディアの利用状況、友だちネットワークなどを重ねていけば、やがて、一人ひとりの人間像が具体的に立ち現れることになる。

これまでは、一般的に、せいぜい「高校中退の白人男性層」「大学院卒のヒスパニック層」「子育て中の都会に住む女性層」といった、おおまかな括りでしか有権者を層化できず、その投票行動もそれを基準におおよそにしか予測できなかった。選挙キャンペーンも、そうしたぼんやりとした有権者のイメージの中で、高額なテレビのコマーシャル枠を買い付けて、なるべく多くの人に見てもらえる最大公約数にアピールするメッセージを出すしかなかった。

しかし、現代では、大量データをもとに、テレビ広告をどの時間帯にどのようなイメージでどのチャンネルに流せばよいか、街のどのあたりにどういう人が住んでいて、そこにはどういうビラを配り、訪問した場合はどういう政策を強調して説得すればよいか、など非常に細かい戦略を立てて効率的に運動を展開することが可能になった。マイクロ・プロパガンダとも呼べるこうした手法は、私たちの日常生活に侵入して、政治的意見や傾向に影響を与える。

たとえば、あなたが地元の共和党の選対参謀だとしよう。地元に住む、ある若い三〇代の夫婦と知り合い、フェイスブックで「友だち」になる。フェイスブックのページには卒業した大学に「いいね！」が押してあることがわかる。さらにその夫婦がネットでベビーカーを買ったことがわかり、犯罪の取り締まり強化のニュースや銃規制反対のニュースにも「いいね！」を押したと知ったとする。また、どういう「友だち」がいるのかもわかる。どのレストランで食事をしたのかもわかる。こうして地元の若い世帯の情報を一〇件ほどでも集中的に集めていけば、次回から、若い家族向けに、町のどこで選挙集会をすれば効果的か、テレビならどのような番組に向けてどんなメッセージのコマーシャルを打てばよいか、個別訪問するとしたらどのような話題を切り出せばよいか、効果的に計画が立てられる。さらに、そのほかの地域の選対参謀と協力して同年代のグループのデータを積み上げていけば、全米の若いカップルの関心や動向が立ち現れてくる。このように、さまざまな個人的な情報を収集しながら、効果的な政治キャンペーン広告を打つ——トランプ・キャンペーンでは、最新のビッグデータに基づいた科学的な分析をもとに有権者の行動を予測する、「半径五マイル」のきめ細やかなマーケティング運動が広がっていった。

他方で、トランプの全米選挙キャンペーンでは、新聞、ラジオ、テレビといった伝統的メディアの存在は相対化されていく。トランプはもともと有名人なのだから、いまさらマスコミにおもねる必要もない。リベラルな新聞やテレビなど、せいぜい、「フェイク・ニュース」と言い放って、話題性をさらうことくらいしか利用価値がない――トランプがそんなふうに思うのも、わからないでもない。

億万長者の影

しかしながら、こうしたマイクロ・マーケティングによる選挙キャンペーンにもカネはかかる。そして、今回の米国大統領選におけるデータ駆動型選挙キャンペーンの背後には、引退したヘッジファンドの億万長者ロバート・マーサー(Robert Mercer)の影があるというのが、多くのメディアで報じられているところである。

ロバート・マーサーは、元IBMの社員で、コンピュータ科学の専門家である。IBMからルネッサンスというヘッジファンド会社へ移籍し、コンピュータ・アルゴリズムを使ってファンドを操作し大儲けをした人物である。マーサーの人物像については二〇一七年三月二七日付『ニューヨーカー』誌が詳しく報じているが、メディアのインタビューを嫌い、公の場に出ることもほとんどなく、人の目を見て話すこともできない恥ずかしがり屋で寡黙な人物だという。

しかし、彼には独特の政治信条があり、それは、米国伝統的保守主義、反知性主義、反エリーティズムに根差すと言われる。連邦政府を嫌い、「小さな政府」こそ、米国統治のあるべき姿だと信じている。そして何よりも、ワシントンの政治エスタブリッシュメントを嫌う。マーサーの元同僚の証言では、マーサーは、クリントン夫妻はCIAとドラッグに関与し、陰謀をたくらむ殺人犯だという陰謀説を信じていたという。さらに、地球温暖化もつくり話だと考えている。マーサーは、ここ数年、夫人と娘たちとともに政治資金団体に巨額の寄付をして数名の保守政治家の後ろ盾となってきた。ただし、ブッシュ家など伝統的政治ファミリーとは距離を置いている。二〇一七年二月二六日付『ガーディアン』紙は、マーサーを「ドナルド・トランプ、スティーヴ・バノン、ナイジェル・ファラージ（英独立党党主―筆者注）をつなげる、右翼の米国コンピュータ科学者で、何百万ドルのプロパガンダネットワークの中心人物」と紹介している。彼は、二〇一〇年以降、共和党政治キャンペーンに四五〇〇万ドル、右翼系超保守的NPOに五〇〇〇万ドルを寄付していたとし、「億万長者によくありがちな、個人的な信念に沿って世界をつくり変えようとする」人物の一人だと言っている。

マーサーはまた、二〇一六年の大統領選挙キャンペーンで、およそ二二五〇万ドルのカネを共和党候補者ならびに政治資金団体に寄付した。予備選では、最初はテッド・クルーズとベン・カーソンを支援。最終的にトランプが共和党候補者に選出されたあとは、トランプの選挙活動に巨額の資金をつぎ込んだ。「トランプは、ボブ(マーサーの愛称)がいなければ、大統領にはならなかったよ」とは、彼のルネッサンス時代の同僚の言である。『ニューヨーカー』誌によると、マーサーは、トランプに一三五〇万ドルを出資したとされている。マーサーはまさに、ヘッジファンドと同じ手法で大統領選に勝った。つまり、大量のデータ分析をして市場(選挙)のトレンドをはじき出し、投票傾向を予測し、勝利するというやり方である。

マーサーはさらに、短期的には大統領選挙キャンペーンへ資金投下をしつつ、彼の思想的影響力を強めようとするために、さまざまな団体に長期的投資をしている。その一つが、トランプを支持し続けた右翼ニュースサイト「ブライトバート・ニュース・ネットワーク」だ。「ブライトバート・ニュース」は、もとはといえば、あまりぱっとしない極右のオンライン・ニュースサイトだったが、マーサーが一〇〇〇万ドルを寄付して以降、いまでは年間二〇億ページビュー、全米で二九番目に人気のサイトとなり、フェイスブック上でも活発にシェアされるニュースサイトとなっている。そのCEO、スティーヴ・バノンは、トランプ政権の主席戦略官として参画していた(二〇一七年八月に解任)。バノンは、トランプの娘婿のジャレド・クシュナーを介して、トランプとマーサーを引き合わせたと言われている。

さらに、マーサーは米国大統領選で、トランプ陣営が利用したデータ分析会社CA社に五〇〇万ドルを投資している。すでに述べたとおり、違法すれすれの方法でさまざまな個人データを入手し、心理学的属性によるモデルを割り出して人間の心理に入り込み、感情操作するCA社は、人工知能（AI）を駆使した「プロパガンダ・マシーン」（『フォーブズ』二〇一七年三月五日）とも呼ばれている。

ちなみに、マーサーはこのほか、二〇一一年から一四年の間に、「メディア・リサーチ・センター」という保守系シンクタンクに一一〇〇万ドル近くを寄付している。このシンクタンクの目的は、「左派のプロパガンダの手先となっている全米の報道メディアの実態を明らかにし、無効化させること」（同センターホームページ）とある。

財を蓄えたパトロンが、自らの意の赴くままに芸術家や小説家に資金提供をして、社会に影響力を行使する――まるで欧州中世と同じような状況が、米国ではまかりとおっている。

「ボット(bot)」の繁殖

米国には、マーサーのようなカネで政界とメディアを動かす億万長者がいるだけではない。二〇一六年の米国大統領選では、目に見えない特定不可能な機械がミクロな意見操作をしていることが話題になった。それが、ロボットによって自動的にツイートを創出し、それを拡散させてネット空間の話題をさらおうとする「コンピュテーショナル・プロパガンダ」という方法である。

　オックスフォード大学インターネット研究所のフィリップ・ハワードのチームによる調査では、虚偽情報も含めたロボットによる自動応答ツイートは、今回の大統領選キャンペーンに大きく影響したと指摘されている。ツイートの量を人工的に増やす「ボット（ロボットという言葉の略語）」の存在はかねてからネット空間で問題にされてきたが、ハワードは、それが「民主主義の脅威」になりかねないと警鐘を鳴らしている。

　ちなみに、「ボット」は、もともとマーケティング用に開発されたサービスの一つで、一般の利用者も使える手軽なサービスである。たとえば、レストラン経営者なら、昼食時より少し前に自分の店のランチの宣伝ツイートが自動発信されるように登録しておけば、ツイートを打つ手間も省けるし、売り上げ効果も狙える。そんな利用の仕方だ。うまく利用すれば、フォロワーを大きく増やしたり、広告として使って収益を上げたりすることができる。手軽に設定できるため、利用が急速に広まった。

　ハワードらの二〇一六年の米国での調査結果では、「ボット」による自動送信ツイートは、親トランプのものが圧倒的に多く、選挙直前になると、その量は親クリントンのものの五倍にも膨れ上がっていた。また、「ボット」ツイートは、選挙期間をとおして意図的かつ戦略的で、トランプ対クリントンの三回の大統領選ディベートに合わせて、親クリントンツイートのハッシュタグ(話題)を制圧し、攪乱するように起動していたが、投票日後にはピタリと機能を停止していた。

また、ハワードは、二〇一七年三月六日付オックスフォード大学『オックスフォード・トゥデー』誌オンライン版のインタビューで、ボットの発信源の多くはロシアで、ユーザーのプロフィールに合う内容が現れるアルゴリズムが仕掛けてあると指摘している。「ロシアはトランプのプロフィールを好ましいものにするために、ツイッターをとおしたプロパガンダ活動に投資していることがわかっている。その一つに、ボットを使ってトランプをフォローし、トランプの発言やロシアからのニュースをリツイートすることが含まれているらしい。民主党や西側エリートと汚職のニュースもツイートしている」と語っている。つまり、ボットの介入は、「オタク」的愉快犯による妨害ではなく、巧妙に、政治イベントのタイミングを見計らって、私たちのタイムラインに現れ、政治的意見操作や誘導をしている可能性が高いというのだ。

重要な政治イベントに合わせて政局に揺さぶりをかける、こうした、「ポリティカル・メディア」としてのツイッターによる情報戦は、米国に限ったことではない。

たとえば、二〇一一年にシリアで内戦が勃発した際、当時ダマスカスに駐留していたジャーナリストは少なく、内戦に関する情報はツイッター経由の市民からの写真や証言が頼りであった。その点に気づいたアサド政権は、市民のツイッターに対抗して、バーレーンのPR会社EGHNAを使用して、同様のシリアのハッシュタグで、美しい風景や女性の写真などを世界に拡散させ、市民による内戦の情報を埋没させて拡散を妨害したとされる。

また、英国のEU離脱をめぐる国民投票にも「ボット」による情報作戦が作動していたことがわかっている。ハワードらが二〇一六年六月五日〜一二日にかけて、国民投票関連のツイート一五〇〇万本を調べた結果、使われたハッシュタグ全体を母数とした場合、残留派のハッシュタグは全体の二〇%、離脱派のハッシュタグは全体の五四%に上った。また、調査した一五〇万ツイートのうち、約三分の一の五〇万本が、たった二〇〇〇ほどのアカウントから送信されていることもわかった。これは、調査したアカウント数約三〇万のうちの一%に満たない。五〇万本を二〇〇〇人が一週間でツイートするのはほとんど不可能であり、これらはロボットからのツイートと見られる(Howard and Kollanyi, 2016)。

「ファクト・チェック」の限界

ボットによる自動ツイートだけでなく、最近では、フェイスブックの架空アカウントも問題になっている。二〇一七年九月六日付『ニューヨーク・タイムズ』紙の報道によると、ロシア政府とつながっているロシアの会社が、実在の人物を装った何百ものフェイスブックのアカウントを開設し、選挙前から選挙後にかけてクリントンに不利な政治広告などを流していたことが判明し、同年九月にフェイスブック社がそれらを閉鎖したと発表したのだ。

こうした架空のアカウントは、いわゆる「フェイク・ニュース」の温床になる。先述のハワードは、現在のソーシャル・メディア空間は、（1）友人や家族で結ばれる信頼の空間と考えられているだけに、いったん虚報や誤報など、いわゆる「フェイク・ニュース」が入ってくると、山火事のように早く広がる。（2）仲のよい友だちや家族と絆を深めようとするために、共感する話だけが交換され、ニュースへの選択的接触をしがちである。そのことが、真偽の判断をさらに鈍らせ、「フェイク・ニュース」を拡散させる。（3）フェイスブック社はほとんど情報を開示しないため、第三者による検証も対策の提案もできない。という三点を挙げて、現状のソーシャル・メディア空間の脆弱性を指摘している。

いま、このような脆弱なネット空間の対策の一つとして、「ファクト・チェック」機能がクローズアップされている。ネット大手も、強まる批判を受けて急ピッチで「ファクト・チェック」機能の整備を進めていると言われている。たとえば、米グーグル社は、二〇一七年四月から ニュース検索の結果および「グーグル・ニュース」の一部に、コンテンツの「ファクト・チェック」ラベルの表示を開始している。検索結果の表示の際に「ファクト・チェック」というラベルが付き、第三者機関のNPOなどによるコンテンツの真偽判定の結果が表示される。ときに複数の判定が並ぶこともあり、読者はそれを見比べ、コンテンツの真偽を判断しながら読むことになる仕組みだ。

また、フェイスブック社も二〇一六年末以降、やはり機械学習による「フェイク」の追跡、ならびにユーザーから通報のあった悪質な「フェイク・ニュース」を事実確認のために第三者機関に送って事実判定をしてもらうサービスを開始している。そして、今後も、「フェイク・ニュース」撃墜対策にさらに注力していくとしている。

日本でも、ファクト・チェックを専門にするNPOが立ち上がった。「ファクト・チェック・イニシアティヴ・ジャパン(FIJ)」は、ファクト・チェック・ガイドラインの作成や、機械学習のためのファクト・チェックの対象となる情報のデータベース化を行う。

こうした対策は、いずれも、真偽の怪しいと思われるニュースや不正確な情報を追跡し、拡散を防ぐ。

しかし、「ファクト・チェック」対策には限界もある。第一に、デジタル情報化時代、いったん外界の大海原に出た情報は、コントロールが効かない。米国のフェイスブック社は、PolitiFact、FactCheck.org、Snopes.comといったファクト・チェック専門の団体、あるいはAPやABCニュースなどの大手メディアに「ファクト・チェック」を委ねている。このうちの二つの組織や団体がニュース記事に疑問を呈すると、「論争あり」という警告タグが付く仕組みだが、情報量に比べて、チェックは追いつかない。そして、いったん外に出てしまった誤報や虚報の流れを抑え込むことも困難である。

二〇一七年九月に発表されたイェール大学の研究によると、フェイスブックのニュースに「論争あり」のタグが付いても、それによって、当該のニュースが間違っていると正しく認識する確率は三・七％のみ増えるという結果が報告された。同研究ではさらに、トランプ支持者と二六歳以下の若年層などの特定の社会グループは、ニュースに「論争あり」の警告タグ付けをするシステムは、全体としてはかえって「フェイク・ニュース」を信じてしまう結果につながることも確認した。というのも、そもそもソーシャル・メディアでシェアされる誤報や偽情報はあまりにも多く、ファクト・チェックが追いつかない。そのため、警告タグが付いていないニュースであれば何でも信じてもよいという態度がこうした特定層に生まれてしまい、逆効果となるというのである(Pennycook and Rand, 2017)。

このような状況の中、フェイスブック社のファクト・チェックをする団体側からも、フェイスブック社に対する不満、ひいてはあきらめのような態度が出ていると言う。というのも、ファクト・チェックをしたニュースは、その後どのような経緯をたどっていかなる効果を上げるのかについて、フェイスブック社側は「個人情報」を理由にほとんど情報開示をしていないからだ。フェイスブック社が私企業である以上、情報を公開する義務はなく、今後も透明化がどこまで進むかは疑わしい。

「ファクト・チェック」には、さらにより本質的な問題がある。たとえ機械学習をさせて理想的な「ファクト・チェック」の仕組みをつくったとしても、情報の真偽については、最終的には人間が文脈とともに判断を下さなくてはならない。その際、その真偽をだれが判断するかという問題は、永遠に残るのである。米国では、こうした第三者機関は、とりわけ「不偏不党かつ公平な行動」などを定めた「綱領」(米国のジャーナリズム教育・研究非営利団体ポインター・インスティテュートによって作成されている)の遵守にサインをすることが求められているが、このような第三者によって決められた「不偏不党」や「公平性」の定義こそ、まさに現在「メディア不信」の原因となっているわけだ。

二〇一六年一一月一四日付「ギズモード」の報道によると、フェイスブック社は、「フェイク・ニュース」の撃墜のための仕組みを検討したが、その際、大部分が政治的に右派的な内容が弾き出されていくことを知り、「政治的公平性」という観点から導入はお蔵入りになったという。すでに「ブライトバート・ニュース」など右派メディアは、こうしたフェイスブックのファクト・チェック体制を強く批判している。さらに、「ファクト・チェック」と称してニュースをチェックすることは、「言論・表現の自由」に抵触するという批判もある。

だれがどのように報道の妥当性や情報の真偽を検証するかは、極めて重要な問題である。とくに、論争のあるニュースでは、「事実」の確定そのもので論争が起こり得る(日本の例で言えば、「慰安婦」の定義がその好例だった)。こうして、「第三者」による「ファクト・チェック」を実施する方法も目的も、常に問われることになる。いずれにしても、「ファクト・チェック」の効果は、いまのところ「かなり差し引いて考えるべき」というのが関係者の一致した見解だ。

マスメディアの地盤沈下と揺らぐ民主主義

二〇一六年の米国大統領選では、ヒラリー・クリントンは全米主要一〇〇紙の新聞のうち、五七紙から支持をとりつけた。それにもかかわらず、たった二紙からしか支持をとりつけられなかったトランプに惜敗した。そこには、新聞が情勢を読み誤った、あるいは新聞が読まれていないというだけでは説明できない、情報をめぐる勢力地図の大きな塗り替えがある。

トランプ勝利の背後には、かつては考えられなかったようなスケールおよび方法による、静かな意見操作のメカニズムが隠されていることが徐々に明らかにされつつある。こうした「マイクロ・プロパガンダ」の全容はまだ明らかになってはおらず、今後、政治コミュニケーションの分野で研究が進むものと思われる。

とはいえ、現在このプロパガンダの特徴として言えることとは、デジタル化の発達で、言論領域がもはや明確に公的なものと私的なものに分けられなくなった現象を巧妙に利用しているということだ。フランスのメディア研究者カルドンは、この領域をネットの「薄暗がり」と呼ぶ。それは、スポットライトを浴びて注目の集まる「公共の領域」でもないが、かといって公共の領域から完全に隠された「プライベート」な暗がりでもない。「公共の出来事と私事の断絶は、誰もが見ることのできる領域からあまり人目に触れない領域までという、目盛りのついた段階方式へと変化した」と言っている(カルドン、二〇一〇＝二〇一二年)。しかし、その部分の情報はだれのものか、どのような秩序やルールが支配しているのか、ほとんど制度化されていない。ネットを媒介して、ソーシャル・メディアのユーザーたちのミクロな個人情報は、「薄暗がり」

の領域から、大きな情報の星雲へと吸い上げられ、その情報を手にした者たちの手によって体系化され整序されて、カネをもつ者、権力をもつ者に提供される。

哲学者ハンナ・アーレントは、主著『人間の条件』(一九五八＝一九九四年)で、政治を、言葉と行為による「公的な営み」と位置付けている。その際「公的」とは、「万人によって見られ、聞かれ、可能な限り最も広く公示される」現象であり、「私たちすべての者に共通するもの」であるとし、政治こそ、平等で対等な市民によって公共の領域で行われるべきだと論じている。

しかし、ソーシャル・メディアの発達で、政治は万人によって見られ、聞かれ、公示されるどころか、薄暗がりから操作され、攪乱される状態に置かれている。この薄暗がりには拡声器もなければ、熱狂する聴衆もいない。政府によって検閲されたラジオやテレビも存在しない。人々の平凡な暮らしが営まれているプライベートな空間から徐々に情報が引き出され、束ねられ、政治利害のために再編されて利用される。

ソーシャル・メディアの利用の拡大とデジタル技術の発達によって、政治コミュニケーションのあり方は確実に変化を遂げている。デジタル化時代の情報戦が、マスメディアが支配した二〇世紀型社会の傍らでパラレル・ワールドとして広がり、米国で、そして世界で、政治とメディアの関係性に変更を加えている。自分が発信したどんな情報が、だれによってどう使われているかが不透明なまま、私たちは政治の情報戦に巻き込まれていく。

「メディア不信」というキーワードが示しているのは、新聞やテレビといった馴染みのメディアの「偏向報道」への怒りや「フェイク・ニュース」の氾濫という具体的な経験に根差すだけではない。それは、デジタル情報空間の不透明さに対する私たちの漠然とした不安でもあるのかもしれない。

終章

ポピュリズムと商業主義に蝕まれる「言論空間」

ポピュリズム運動が招いた不信

欧米で「ポピュリズム」と呼ばれる現象が吹き荒れている。そして、同じく「メディア不信」という現象も話題だ。この二つはどこか関係ありそうだが、どのようにつながっているのだろうか。もともとそれを考えてみたくなったのがきっかけで、本書の執筆を思い立った。ここでは結びとして「メディア不信」がなぜ問題になっているのか、その答えのカギとなる「ポピュリズム」という現象とともに、これまで見てきたデータや事例を振り返りながら、私見を述べたい。また、そこから日本に特有の課題も洗い出し、簡単な提案や問題提起もしてみたい。

水島治郎は、欧米諸国のポピュリズムを、「上」のエリートたちを「下」から批判する政治運動だと定義していた(水島、二〇一六年)。ドイツ、英国、米国における「メディア不信」は、このタイプの、政治運動としてのポピュリズムを色濃く反映している。それは、「メディア」を「上」と見なして、「置き去りにされた」人々による、その「メディア」に対する不満と批判だった。とすると、ここで言う「メディア」、つまり「上」を特徴付けるものとは何なのだろう。

それは、ひとまず、戦後の西側社会を特徴付けてきた資本主義と民主主義の共存関係を支える思想、すなわち戦後の「リベラルな民主主義」全体ではないか。二〇世紀後半、「メディア」という強大な機構は、この理想の上に築き上げられ、それを体現してきた。ドイツのＰＥＧＩＤＡやＡｆＤの主張、英国のＥＵ離脱派の言い分、米国のトランプのメディアを非難する言葉の中に、私はそうした「リベラルな民主主義」とその優等生である「メディア」への敵愾心を見た。

もちろん、実際は、この「リベラルな民主主義」は何かと問われるとなかなか難しい。厳密に解明するには近代のさまざまな書を紐解く必要があるのだが、今日抱かれているイメージは、英国の調査にあったとおり、移民、グローバリゼーション、環境運動、フェミニズム、多文化共生といった争点を社会発展の象徴と考える思想の束だと言えよう。それらは、先進諸国で二〇世紀後半に生まれた重要な政策課題であり目標でもある。ドイツ、英国、米国の三か国のエリートたちは、利害や立場の相違はあるにせよ、「リベラルな民主主義」を大義と見なして、欧州統合やグローバル化、市場開放、フェミニズムといった争点をつくって政策を次々と押し進め、メディアは基本的にその流れに伴走してきた。

「メディア不信」は、大きくは二〇世紀に発展した「マスメディア」とともに育まれてきた

「リベラルな民主主義」への不満であり、その偽善性や独善性に異議申し立てをする政治運動である。したがって、「メディア不信」を論じようとするなら、毎年各種調査ではじき出される各媒体の「信頼度」の定点観測結果の上下や、「フェイク・ニュース」対策といった語りに還元するのではなく、「リベラルな民主主義」に内在する矛盾、それを享受するデモクラシーのあり方を議論せざるを得ない。

「リベラルな民主主義」の矛盾と相克

ジャーナリストを含めた欧米のエリートたちは、「リベラルな民主主義」を社会に推し進める過程で、社会の経済格差を押し広げ、一般の人たちの平穏な日常生活にグローバリゼーションという荒波を送った。社会の変化を一方的に押しつけられて、「下」が「上」の独善的な態度や既得権益、硬直した官僚制などに対して不満と不安を募らせていったことも不思議ではない。「民主主義」と言いながら、結局自分たちは決められたルールに従うだけだ。そうした感情は、ドイツでも、英国でも、米国でもずいぶん以前から進行していたのだろう。

にもかかわらず、「上」は価値基準を変えることなく政策を実行し、メディアは「リベラルな」報道を続け、「下」からの声にじっくりと耳を澄ますことなく「優等生」を演じ続けた。

EU官僚も、ワシントンの政治サークルも、「メディア対策」ほどには「下」の気持ちに関心を払わなかったため、社会変化への不安は一層募っていったのだった。その状態は、各国ともリベラル優等生であるメディアへの不満の言葉となって表れていた。

ところで、「リベラルな民主主義」は、なかなかやっかいな概念である。それには、「近代デモクラシー」が拠って立つ二つの異なる民主主義の立場が含まれており、それ自体矛盾を内包している。水島はこの立場を、（1）法の支配、個人的自由の尊重、議会制などを通じた権力抑止を重視する自由主義的立場と、（2）人民の意思の実現、統治者と被治者の一致、直接民主主義の導入などに積極的な「民主主義」的要素を前面に出す立場の二つとして説明している。これは、自由主義社会における民主主義の実現をめぐる、終わりなき議論として知られるものだ。自由と平等とは、もともと相性の悪い理念なのである。

伝統的なマスメディアは、どちらかというと歴史的に前者の自由主義的な立場を踏襲してきた。政府から距離をとり、権力がやるべきことをやっているかを監視することが、メディアの「公共性」の基準となった。したがって、権力からの言論・表現の自由への介入にも敏感である。しかし、そこで繰り広げられるのは、あくまでエリート同士の試合である。

いま、ネットの普及によって権力者たちは後者のような民主主義を重視し、市民との直接的対話の重要性を喧伝する。ツイッターでの語りかけやフェイスブックでの情報交換などがそれである。何より、こうした相互交流はマスメディアの弱点でもあった。メディアが情報の受け手側との対話に出遅れている間、政治家たちは、数えきれない「フォロワー」や「友だち」をつけて「情報交換」をする。こうしてネット時代の言論は、どちらかといえば、後者のような直接民主主義に根差す、平等を前提にした活動に注目が集まる。政治家を「フォロー」する人たちは、メディアの、どこか権威主義的な「権力監視」のもの言いに違和感を抱く。かつてメディアは市民の側の代弁者であったのに、今では「フォロワー」たちは、メディアの独善性や横暴を叱責し、政治家のほうに拍手喝采をおくる。

本来ならば、代議制と直接民主制が相互補完的に機能するのと同じく、メディアの空間とネット空間も相互に補完しあって「リベラルな民主主義」を完成させるように側面支援するのが理想だ。しかし、いまのところ、この二つの世界は文化的に相容れない平行線をたどるパラレル・ワールドになってしまった。

ソーシャル・メディアが多用され、これまでの情報の流れが大きく変わるにつれて、「下」に「置き去りにされた」層は横の連帯を強め、太く強い流れとなって少しずつ政治を動かした。ドイツではＡｆＤが連邦議会に進出し、英国からはＥＵ官僚が追い出され、米国ではトランプが大統領になる時代、大衆から支持をとりつけた政治家たちは「エリート／大衆」というわかりやすい構図を差し出し、「君たちはもう優等生から説教されなくてすむ。ネットを開ければ、たくさんの「友だち」からの情報が得られる。それで十分だ」と言わんばかりに新聞やテレビを攻撃の標的にする。この政治家たちはまた、伝統的なメディアが取り上げなかった思想や主張、そしてタブーをあえて取り上げることによって、自分と伝統的メディアとの距離を見せつける。それが、民衆のための「草の根民主主義」の声であり、「解放」の福音だと見なされるからである。

ポピュリズム勢力は、長らく、西欧自由社会のエリートたちからはまともに相手にされなかった。しかし、いまこの勢力はまさにそのことを逆手にとって、「上」として澄まし顔のマスメディアを反愛国主義で似非《えせ》民主主義のシンボルとして攻撃し、人種差別、移民排斥運動、反フェミニズムを「草の根民主主義」というラベルに張り替えている。

二〇一六年から一七年にかけて私は、ドイツ、英国、米国のポピュリズム勢力を目の当たりにして、その際に主張するスローガンのほとんどが、日本の右翼の言葉として聞き知っていたものであったことに、衝撃を受けた。それは戦後の民主主義が目指してきたもの一切合財の否定であった。偏狭なナショナリズムと「自虐史観」への批判、「押しつけ憲法論」、在日コリアンに対する差別発言、フェミニストたちへの侮辱などといったもの言いと相似形の議論が、他国でも繰り返されていた。

危うい日本の無関心

序章で、私はルーマンの社会理論を引用して、「信頼」「不信」「慣れ親しみ」という態度について述べた。これら三つはいずれも、人間が見通しのきかない現代社会を生きていくために必要な「複雑性の縮減」戦略であるというのが、その趣旨だった。

この理論に倣うと、ネットの普及によって、私たちのマスメディアへの「慣れ親しみ」状態は終焉し、情報化社会への新たな態度が要求されている。これに伴い、欧米では、これまで支配的だったリベラルなエリート・メディアへの不信がクローズアップされている。また、それと引き換えに、各自が多様な情報源の中から自分たちの声を代弁する「マイ・メディア」を選び取り、それを信頼することで情報化社会の複雑性を縮減し、生き抜こうとしている傾向が強い。しかし、こうした行動は、ネットの特性やポピュリズムと重なり、社会の亀裂を深めている。

他方で、日本の場合はやや異なる様相を呈している。日本では、マスメディアへの慣れ親しみの態度は、欧米社会と同様に失われている。しかし、多くの人は「マイ・メディア」をもつこともなく、むしろメディアに対して無関心、無関与の態度で現代情報化社会をやり過ごそうとしている様子が見られた。

もちろん、日本でもほかの国と同様、経済格差が問題になり、排外主義の動きも目立ち、「エリート」と目される「メディア」に対する不信も存在する。そして、「マイ・メディア」をもつ層も着実に増えている。しかし、日本における「メディア不信」の大勢には、メディアに自分たちの声や主張が適切に反映されているかという権利主張は少ない。

また、メディアの側も、市民が「どのブランドでも同じ」と考えるような、静かな無関心は商機につながる僥倖《ぎょうこう》だと考えてきたところがある。オンライン上で利用されるニュースサイトも、マスメディア企業による運営サイトや大手のポータルサイトが上位を占めていることから見ても、日本のメディア空間への市民参加の状況は芳しくない。そして、ニュースの内容を分析しても、市民の声の引用が他国に比べて少ないという結果も明らかになった。

いずれにしても、日本では、デジタル化時代の新たなメディア景観はなかなか現れない。また、各自が思想に共感を表明してフォローする「友だち」と呼ぶようなマイ・メディアの存在感も薄い。ソーシャル・メディアでニュースをシェアしたり、コメントを書いたりという活動も低調である。

実は、先に引用した水島の書では、「ポピュリズム」に二通りの定義を与えている。第一の定義は、「指導者が大衆に直接訴える政治」という政治のスタイルの問題で、これは日本でよく使われる意味、第二の定義は、ここまで使ってきた、「人民」が既成政治やエリートを批判する政治運動で、水島は欧州のポピュリズムをこの定義で説明していた。私も、ドイツ、英国、米国の「メディア不信」を後者の定義の中に位置付けてきた。ドイツ、英国、米国の「メディア不信」には、明確な政治主張があり、闘争があった。ところが日本の場合、「メディア不信」は、一部の「ネトウヨ」以外、政治運動とはつながっていない。そして、奇しくも、日本のポピュリズムは、どちらかというと第一の定義、つまり政治家による一つの政治スタイルの話になっていると水島は指摘する。「大阪の橋下政治はポピュリズムだ」というような使い方である。

つまり、一般市民による権利主張運動としてのポピュリズムが活発でない日本では、「メディア不信」もどこかで「業界の凋落」という業界枠の話題に落とし込まれていき、市民にとっては他人事になる。こうして、日本では「メディア不信」が進んだとしても、公共的な言論空間におけるマイノリティの参加の問題、「エリート集団」に代わる新たなメディアの運営のあり方、あるいは、ほかの市民運動や社会運動との接続の展望にはつながっていかない。

　もちろん、ポピュリズムは、敵と味方を区別して敵を攻撃し、社会を分断させる意味で、民主主義に大きな脅威となる。最初に私も述べたとおり、ポピュリズムに基づく「メディア不信」は、ネガティヴな不信となって、敵側の言論の自由を奪い取ろうとし、民主主義を危うくする。その兆候は、ドイツでも、英国でも米国でもはっきりと見られた。これに対して、政治信条を「中道」と答える層が圧倒的に多い日本では、正面から異なる政治信条の市民同士が衝突する闘争が少ない。そのことは、安定した政治と社会を生み出し、円滑な統治を可能にする。他方で、政治参加を軽視し、市民たちに政治的有効性感覚を衰えさせてもいる。それは、民主主義という観点からは決して好ましい状況とは言えないのである。

　そして実際にいまの日本では、政治家がレトリックを使って大衆を操作するという第一の意味での政治スタイルのポピュリズムに対して危機感が高まっている。そうであるならば、操作される側の市民は、政治とメディアの関係について、より敏感な意識をもつべきであるが、いまのところ、多くの日本の市民は「サイレント・マジョリティ」にとどまっている。

　また、日本のメディア状況も変化している。全国紙市場は、各社ごとにニュース価値や視点がかなり異なっている。また、現在の政権との距離も、新聞ごとに大きく異なる。放送の分野では、二〇一四年から一五年にかけて、自民党が選挙報道に関して、「公平中立」を求める要望書を手渡したり、テレビ朝日とＮＨＫの幹部を党本部に呼んで放送内容に関して事情聴取をしたりという動きがあった。日本でも、「どのメディアも似たり寄ったり」の状態では決してないのである。

メディアを自分たちのものとしてイメージしない社会は、たとえ「言論・表現の自由」が憲法で保障され、選挙制度が整備されていたとしても、その土台となる知識が、だれによってどうつくられているかということに意識が向いていなければ、デモクラシーは形骸化し、非民主的な社会となる。

商業主義への懸念

ところで、ポピュリズムとも関連して、「メディア不信」に共通して気づくのは、メディア界における商業主義の台頭とその影響だ。今回、各国の信頼についてのデータを見ると、コンテンツに何らかの規制を課している公共放送の信頼度が高い。長期的トレンドでは、商業メディアが主流である米国の信頼度の下降傾向が目立っていた。社会全体で規制緩和が次々と進んでいく中で、米国ではメディア産業も規制緩和の例外に置かず、買収から乗っ取り、コストカットにリストラと、産業内部でさまざまな自由化の波に洗われて今日がある。

商業主義は、自由主義と重なるところも多く、社会を多様で豊かにするという意見もあるし、商業主義が一概に悪いとも言えない。米国は、商業主義がもっとも作動し、自由主義が貫徹しており、その多種多彩なメディア景観には目を見張るものがある。他方で、資本主義社会である以上、メディアの世界を放任しておけば、必ず自由競争の原理にまきこまれ、コンテンツの大衆化、平準化、陳腐化が進む。とりわけ、新しい情報環境の中では、規制を嫌うリバタリアン的情報産業がメインプレーヤーとなっている。こうした、いわゆる「テック企業」は、これまで国内の規制業種として存在してきた放送事業や、公共性を旗印に市場を専有してきた新聞産業より、さらに競争原理を徹底して運営されている。したがって、今後は、「メディア」全体にますます市場圧力がかかり、コンテンツは「クリック数至上主義」に見られるような、商業主義とネオリベラリズムが貫徹されていくことが予想される。

こうした商業主義の浸透は、ポピュリズムと重なることによって、政治と経済を引き寄せ、これまで以上に強大なメディア支配者を生み出す恐れがある。その支配者は、国境を越えた、グローバルな情報産業やPR会社、そしてそれにカネを出す億万長者だということを、ソーシャル・メディアが利用される仕組みで確認した（第5章参照）。ソーシャル・メディアを媒介して目に見えない意見操作が可能になっている時代、私たちは無意識のうちに企業や政治家から行動を監視され、規律されているかもしれないという点に、私はとくに危機感をもっている。

これまで、多くの西側先進諸国では、新聞や放送の分野、あるいは活字や映像を商品にする「文化産業」をいかに市場原理から守るか、あるいは守っていくべきかをめぐって幾度となく議論され、対策や政策も実行されてきた。市民の受信料収入で成り立っている公共放送制度はその一つであるし、政府からの補助金や第三者機関による自主規制の例もある。

こうした市場原理の規制は、しばしば自由な表現や言論活動を阻み、社会の多様性を反映しないという理由で導入を見送られたり、撤廃されたりもしてきた。また、こうした規制は、政府の検閲や介入の口実として使われることもあり、警戒が必要だ。

しかし、本書で見たとおり、ドイツ、英国、米国、日本のメディアの信頼に関する調査結果を比較すれば、商業主義、市場原理は、市民の信頼にはマイナスに作用していることは明らかだ。とくに、規制を撤廃し、メディア市場でも自由主義をほぼ完遂している米国は、多様なメディアが多くあるとはいえ、市民同士をつなぐ横のネットワークを成立させる動機がきわめて弱く、保守系メディアと革新系メディアはそれぞれにタコつぼ化していた。メディアは、政府や政治家に対抗する共通基盤を生み出すどころか、むしろ、意見が闘争的に先鋭化し、社会グループごとに格差を広げ、社会を一層分断する方向に作用している。

すべてのメディアが市場原理から守られる必要はない。しかし、全体の傾向から言って、私たちの身近に市場にも政府にも支配されない文化空間を創造し社会で共有することによって、市民の間でより多くの信頼を分かち合い、社会の分断を緩和することができるのはたしかなようだ。二〇一六年の米国大統領選は、まさにそのような社会をつなぐ共通基盤の役割をするメディアが決定的に抜け落ちていたことを例証する事件だった。

今後、自由なメディアが連携して、市場原理をどの程度制御しながら知の共通基盤をつくっていくかが重要な課題である。しかし、それはマスメディアの時代から変わらない課題でもある。ひとまず、メディア空間を市場原理で動く自由主義に完全開放することは、現状の政治情勢では避けなければならない。

「メディア不信」を乗り越える

本書の紙幅も尽きてきたので、今後に向けた提案をして、本書を閉じることにしたい。四点指摘しておく。

第一に、日本の「無関心」の不信をどうするか。ここまで見てきたように、日本では、「メディア不信」が市民運動とつながる回路をもっておらず、現在のメディアの大変動も、どこか業界の話、他人事として見られている。しかし、日本も経済格差が広がり、社会が分断されるという西側先進諸国に共通の課題を抱えている。分裂した社会がそれぞれに閉じこもり、メディアにも公共にも関心をもたなくなり、発言の意欲も失っていくなら、その先にはどのような社会が待っているだろうか。欧米のような、異なったグループ同士で思想やイデオロギーの違いをめぐる、あからさまな確執や闘争が見えないかわりに、静かな不信とともに、民主主義の後退が生まれ、いつのまにか社会が企業のマーケティングと政治家の意見操作の対象になっているイメージは、まさにジョージ・オーウェルの『一九八四年』の世界を連想させる。

これをなんとかするには、やはり市民がメディアに参加する意欲と権利意識をもたなくてはならない。そのために、どのような対策が必要だろうか。

手はじめに、世界最低レベルだったネットにおける議論の活性化について考えてみよう。しかし、その道のりもなかなか険しそうだ。社会心理学者の橋元良明らの調査によると、ネット上でのプライバシーの流出に関する日本人の不安も、調査対象一〇か国（日本、米国、中国、英国、韓国、ドイツ、フランス、フィンランド、シンガポール、チリ）の中できわめて高いという。また日本人は、被害経験がない場合でも、他人のネットの書き込みに不安を感じる割合が高く、とくに女性は、一番高かったという。

本来ならば、まずはネットが市民の声の受け皿となるフラットな空間として市民同士をつなげ、参加を促す、最適な民主主義の実践現場となるはずである。ネットへの不安を取り除き、手軽で安心して参加できる市民の広場のイメージを強化していく必要があるだろう。

そのためには、インターネットについてどのようなリスクがあり、そして何よりも、どのような可能性が広がっているか、リスクばかりを強調するのではなく、世界で民主主義とインターネットがどのような相乗効果を生んだかという成果を学校教育で行うことも重要だ。

ちょうど高校では、一八歳以上への選挙権年齢引き下げを受けて、二〇二〇年から必修科目「公共」を新設するなどの動きがある。この教科では、政治参加や労働問題を取り上げるとしていることから、こうした時間を有効に使って、ネットが遠くのさまざまな人とつながり、自由で楽しい討論の場となることを一人ひとりが実感できるような、参加型で主体的な教育をしてほしい。

現状では、ネットはどこかで、モラルの次元の低い空間というイメージもあるように思う。たとえば、近年、大手企業も、ネットの動画コマーシャルで、女性をあからさまな性的興味・関心の対象として出演させるケースが目立つ。いわゆる「炎上」で話題をさらうことを狙っているのかどうか、真意はわからないが、企業にネット上の動画広告を取り下げさせる事件があとをたたない(「ハフポスト」二〇一七年五月二五日)。ルミネ、サントリー、宮城県など、大手の一流クライアントの広告が、人権侵害まがいの侮辱的な表現を含む動画を流して問題になり、その都度クライアントが慌てて動画を取り下げる。この繰り返しだ。毎回、どこかで、ネットなら少しくらいやんちゃをしてもよいという意識があることが垣間見える。

特定の社会グループを侮辱するような低レベルのコマーシャルを流して話題をさらおうとする戦略は、ネットを人権侵害やヘイトスピーチの温床にする。それは、みんなの集う広場に、ゴミを不法投棄して逃げるようなものである。ゴミを片づけたあとも、汚臭は残る。企業側は、問題となったコマーシャルを取り下げるだけでなく、なぜこうしたビデオ・クリップがコマーシャルとして制作されてしまったのかなどについて社内調査をし、そのプロセスをできるだけ公開してほしい。また、こうした例が繰り返されるのはなぜなのか、広告業界全体で考えてほしい。企業、一般市民、研究者を巻き込みながら、メディアの言論空間に多様性と透明性をいかに確保するかという議論を続けていかなくてはならない。私は微力ながら、いまこの意識改革に向けて、産学協同で取り組んでいる最中である。

第二に、メディア内部の改革も提案をしておきたい。現代日本でも経済格差と、それに伴う教育・文化格差が進行している。さらにグローバル化によって人の移動も活発化し、日本社会も様変わりしている。メディア企業の取材や編集体制もこうした変化に対応させる必要がある。多様性のない取材・編集現場は、社会の変化についていけず、世間から乖離《かいり》し、社会的意義を失っていくだろう。

とりわけ、日本のマスメディアの職業文化は、もともと顧客の大部分の需要が日本語であり、言語によって閉じた超長時間労働の世界であるために外的な刺激を受けにくい。したがって、往々にしてこれまでの職場文化を再生産しがちである。「多様性」という価値の重要性が認知されにくいのも、均質性を既定値とする傾向があるからだと思う。

多様性に関するもっとも端的な指標は、ジェンダー・バランスである。日本の商業放送「民放」では、二〇一一年の時点で、全従業員に占める女性の割合は二一・二％、全役付従業員に占める女性の割合が一二・二％だった。NHKは、二〇一二年の統計で、全従業員に占める女性の割合は一四・五％。管理職、専門職全体に占める女性の割合は四・四％と、管理職における女性の割合が目立って低い。新聞・通信社記者では、女性記者が占める割合は一七年に一九・四％と二〇％に手が届くところまでに伸びた。女性の比率の数字は、一〇年前と比べれば上がってはいるものの、NHKに特徴的なとおり、管理職の比率は低い。おりしも、三一歳のNH

Kの女性記者が、二〇一三年に過重労働で亡くなっていたことが、二〇一七年一〇月になって、NHKより公表された。ふだん、報道等で「ブラック企業」や「過労死」を社会問題として取り上げながら、局内の対応は進んでいないことが露呈した。こうした事件によって、社会は再びメディアへ不信の目を向けている。

日本のメディアは、組織の働き方や価値観が「男性ばかりの職業」として発展してきた。職場文化や風土が変わるためには、組織の方向性を決める意思決定者のレベルで、女性とともに、障がい者や外国人などの多様性を確保しなければならない。このままでは、市民参加型メディアとの関わり方や、さまざまな社会グループとのつながり方への着想も生まれにくいだろう。メディアの職業文化は、社会全体の情報流通と民主主義の問題につながるだけに、改めて指摘しておきたい。

メディアがつくる「公共」の必要性

第三に、提案というよりは、より大きなビジョンについて問題提起をしておきたい。「メディア不信」と、ジャーナリズムの重要な概念である「公共性」「公平性」「客観性」についてである。

私は、大学院生のとき、ドイツの放送メディアの規範に、「国家の統合」という項目が含まれているのを見つけて、強い違和感を覚えたのをいまでも鮮明に覚えている。この条項は今日もあり、たとえば、次のような文言として表現されている。

「ドイツ公共放送第一チャンネルは、社会の多様な生き方を反映すると同時に、公共的活動をとりまとめ、ドイツと欧州の統合を促進することを目的とする」

当時、私は正直言って、放送が国を「統合」することを促進するなどまっぴらごめんだし、メディアによって統合される国というイメージにも、居心地の悪さを感じた。それよりは、自由で多様な言論が抑制なく提出される仕組みをつくることのほうが大切だと感じた。ちなみに、日本の公共放送NHKは「公共の福祉のために、あまねく日本全国において受信できるように豊かで、かつ、良い放送番組による国内基幹放送を行う」と規定されているが、こうした国の統合に言及した文言はない。

また、公共放送の「公共」という言葉についても、社会の最大公約数的共通項というニュアンスがあり、マイノリティ側をマジョリティ側に「合わせる」ための方便に使われる危険性があり、その点で「公共性」概念についても、手放しで賛同することに躊躇《ちゅうちょ》があった。

しかし、今日の欧米諸国のポピュリズムの躍進と分裂する社会状況、メディアに浸透する商業主義、そこから生まれる表現の自由を押し潰そうとするかのような圧力の連鎖を眺めると、多様な声をまとめる、共通基盤としての「公共性」を再興する制度設計を考えること、メディアが社会の「統合」を試みる知の共通基盤を創造することは、よりよき社会をみんなでつくっていくにあたって、ますます重要になっていくのではないかという思いに傾いている。とくに、米国社会ではメディアをはじめ、町づくりから学校教育に至るまで、あらゆる局面で「公共セクター」が脆弱になっており、深刻だ。

もちろん「統合」という言葉が同調圧力にならないように注意をする必要がある。とりわけ日本の文脈ではそうだ。また、その音頭をだれがとるか。統合する主体の問題はもっとも重要である。この言葉を口実にしたナショナリズムや全体主義に巻き込まれては元も子もない。しかし、グローバル化が進行し、デジタル情報文化が普及するいま、一つの社会で共生する隣人たちと、何らかの共通基盤、言い換えるならば「公共性」を分かち合い、統合のための求心力をつくる必要があるのではないかという思いに至っている。そのためには、何より「統合」概念を特定の政治家の大衆操作の道具にせず、メディアのデザインに社会全員が参画できるような工夫が必要である。

いかに、私たちみんなで、なるべく多くの人を巻き込んだ政治参加の共通基盤となる言論空間の仕掛けをつくるかは、ネットが普及した今日も難題である。とくに、政治にもメディアにも無関心、無関与が多い日本はなおさらである。ソーシャル・メディアなどのプラットフォームを使えば、いったんは東浩紀《あずまひろき》が主張していたような『一般意志2.0』（二〇一一年）に似た次元が生まれるだろう。しかし、すでにソーシャル・メディアの領域は、さまざまな企業や政治家が影響力を行使している。個人情報保護の問題、そして何より、ネット空間がフェイスブック社などの私企業によって支配されている現実を考えると、こうした企業にプラットフォームづくりを任せることはできない。

もっとも不遇な者たち、「置き去りにされた」人たち、他人に依存せざるを得ない人たちへ手を差し伸べ、しかも無関心層も巻き込んで社会に招き入れていくような「包摂機能」を社会でどう確保していくか。だれ一人として取り残さず、しかも各人のアイデンティティを尊重して「声を与える」ことを犠牲にしないようにするにはどうするか。二一世紀の「公共性」の実現には、この微妙なバランスのかじ取りをする繊細さが求められる。

私は、研究者としても、個人としても、「統合」を疑い、「公共（性）」概念に反抗をしてきた。だから、ドイツ、英国、米国の多文化状況や自由に討論し、意見を述べ合う空気をうらやましいと思う。しかし反面、とくに米国における、いわゆる「アイデンティティ・ポリティクス」

から生まれる社会の分断や確執を目の当たりにして、戸惑うこともしばしばだった。

同調圧力を避けながら、多様な人間をつなぐことの難しさを改めて思う。たとえば、ネットにも、受信料のような仕組みをもうけて、だれもが安心して集い、参加できるような公共スペースをつくる動きがあってよいのかもしれないとさえ思う。しかし、その運営主体をどうするか。何よりも、そう考えた次の瞬間に、そのような「囲い込み」こそが、多様性の否定なのではないかという思いも頭をよぎる。ドイツではとくに「統合(Integration)」という言葉が移民・難民政策にも使われてきた。しかし、ならば台頭する右翼を社会にどう「統合」していくのだろうか。読者のみなさんからも意見を頂きたい。

ポジティヴな不信へ

最後に、改めて強調したいのは、市民がメディアを不信に思うこと、「メディア不信」を議論すること自体、自由主義社会、そして民主主義社会にとっては、とても健全で望ましいということだ。実際、この一〇年ほどの間に、メディア環境は激変した。一般市民だけでなく、メディアの現場の人、そして私のようにメディア研究を仕事にしている者も、多くが戸惑い、不安に思っている。メディア環境が激変しているいま、メディアをテーマにした議論は、今後もさらに広がり、深まらなくてはいけない。不信とは、「ネトウヨ」のものでもないし、「フェイク・ニュース」対策の話だけでもない。

ネットが普及したいま、市民たちが個人バラバラで粒状化した状態から、思想や信念でつながった粘性の強い共同体をつくって、排外主義や商業主義に対して抵抗力のある言論空間を制度化し、デザインしなくてはならない。

そのとっかかりとして、メディアの制度、組織、利用に関して、業界でも政府でもない、第三の軸となる独立した研究と教育が実施・蓄積されていく必要がある。研究や議論が公開され、広く市民と共有していけば、新しい気づきと発見を導く建設的な「メディア不信」も生まれるのではないかと考える。

海外では、大学研究者、シンクタンク、市民団体など、メディアや情報産業から独立したさまざまな機関が、「メディア」をテーマに調査をし、社会に情報提供をしている。これも今回の私の在外研究でわかったことだった。本書で使ったデータも、そうしたものを多く利用させてもらっている。

ところが、日本では、メディアに関するデータは公開情報が少なく、業界団体やメディア企業が所有しているものがほとんどで、一部を除いて非常に限られた範囲でしか入手できない。

日本では、独立した機関が、記事、映像、読者視聴者データなどさまざまなデータをアーカイヴとして収集、体系化し、産業と社会の発展に役立てるという発想が薄く、その分、メディア研究も立ち遅れているように思う。デジタル情報化時代、企業、大学、NPO、一般市民、すべてのレベルで「メディア」について意識を高め、社会全体で、メディアの将来を考えていく必要がある。

業界側も、デジタル化以前の情報環境であれば、業界事情は業界だけで把握していればよかったのかもしれない。しかし、デジタル空間が急速に発展を遂げたいま、業界や企業が殻に閉じこもっている時代は終わった。

今日も、ネット空間では、言論・表現の自由や民主主義そのものを否定するかのような、過激でネガティヴな「メディア不信」を呼び込む批判が多々見られる。批判↓不信という連鎖を断つためにも、多くの人に開かれた建設的な「メディア不信」議論につながる材料や機会を、業界からも進んで提供してほしい。

ここに挙げた提案はほんとうに小さなものだ。これ以外、もっといろいろな実践のアイディアがあると思う。そういった小さな提案を一人ひとり考えて、話し合い、目標を共有し合うだけでも、無関心の状態からは一歩進む。二一世紀にグローバル化とデジタル化が進む中では、いずれにしても「正しい」メディアのあり方に一つの答えがあるわけではない。重要なのは、どのようにメディアを信頼し、その信頼をどう他者と分かち合っていくかということを一人ひとりが意識し、広く議論していくことだと思う。政治家が特定のメディアを名指しで批判し、「メディア不要論」や「メディア不信」が高まったとき、まずはそこで生まれた「不信」をみなで語り、問題を検証して、ネガティヴな不信から、民主主義のためのよりよきメディアをつくる不信へと転化させることが重要である。

いまなぜ「メディア不信」が生まれているか、だれがその「不信」を語っているか、それがどのような帰結を生みつつあるのか。世界のさまざまな事例をとおして、本書が日本のメディア社会を振り返る契機となればと願う。

あとがき

科学は、ものごとを突き放して観察することからはじまる。

そして、「あたりまえ」を疑う。

けれども、自然科学と違って、社会の現象は、そのようにものごとを突き放して見ることが難しい。

なぜなら、研究者自身も、社会の中で生き、その渦中にいるから。

とくに、メディアのような身近なものとなると、それをどうやって突き放せばいいのか、どの「あたりまえ」をどう疑うか、私自身途方に暮れる。

私の実家の居間ではなぜテレビがつけっぱなしなのか、アナウンサーはどうしていつも若くてキレイな人なのか、なぜ三〇年以上も記者クラブの是非が議論になっているのか、など。ずっと変わらず続いているけれども、よく考えると不思議なことはたくさんある。

もうしょうがないかな、とついあきらめてしまう。

けれども、あきらめて無関心になる前に、「あたりまえ」を突き放す知的パワーを得る方法はいくつかある。

一つは、歴史的考察である。今日ある現状を知るために、歴史を知ることで、現在の時空間を離れてその成り立ちを考える。

そして、もう一つが国際比較である。他国の例を見て、もう少し違うやり方、考え方と出合う。あるいは、世界との共通課題を発見する。そこから考える力をもらえる。

したがって、国際比較研究というのは、X国がY国より優れているとか、そういう国ごとの「成績比べ」ではない。ほかの社会ではもっと違うあり方、考え方もあることを学び、そこから自分の生きる社会を見つめなおす。そのための仕掛け、あるいは舞台装置である。

メディアは、多くの人が意見をもつ。「政権に取り込まれるメディア」「偏向報道」「発表報道」「印象操作」などなど。それぞれに貴重な意見だが、なぜいまのような状態になっているのか、そして、そもそもなぜそのように語られるのかについて、冷静に考察しなければ、変えたいことも変えられないように思う。

私は、そんな思いで、数年前から国際比較研究をはじめた。

そして、幸いにも二〇一六年四月から一七年三月の一年、シカゴ、ロンドン、ベルリンに滞在し、実際にメディアがどのように社会で受け入れられているのか、動いているのかを比較して見るチャンスを得た。本書は、私のこうした在外研究の見聞録であるとともに、これまでの国際比較研究の知見をまとめたものである。とりわけ、一六年四月から一二月までは、米国シカゴに滞在し、大統領選挙キャンペーンをこの目で見たことは、メディア研究者としてとても貴重な体験だった。ドナルド・トランプという特異なキャラクターがこの選挙戦を特別なものにしていたのはたしかであった。しかし、それだけでなく、候補者たちによる絶叫調の演説と、それに対する支持者たちの熱狂、テレビから流れてくる煽動的なネガティヴ・コマーシャル、選挙戦における候補者の家族たちの関わり方、政治と宗教の関係、「女性」をはじめ人間のアイデンティティが政治問題となる瞬間――などを目の当たりにした。

米国では、公共空間の表現と個人の生き方との間には、つねに双方向に往来できる経路が確保されていなければならない。女性であれば、女性というアイデンティティは、公共空間での表現の機会と場が保障されるべきである。また、逆に公共空間で演説する候補者の言葉は、私個人のアイデンティティに直接訴え、その感情を揺さぶるものでなくてはならない。政治は、あらゆる意味でコミュニケーションを前提にしており、自分の存在が公共の場で表象されていなければ、権利として主張に値する十分な理由と見なされる。

人間個人のアイデンティティとここまで深くつながった政治のあり方は、私が二〇〇〇年代はじめまで暮らしていたドイツにはなかった。ドイツではむしろ、ナチスの記憶から、人種などの問題に政治が介入することに禁欲的、いや消極的である。他方で、当時のドイツでは国教としてのキリスト教会の地位は絶大で、学校から地域社会まで包摂する集合的アイデンティティとして君臨していた。

しかし、二一世紀の今日、こうした国ごとのデコボコが少しずつならされて、政治も選挙も似たような現象が現れてきたように思う。その背景には、グローバル化と、そして何より、こうしたアイデンティティ・ポリティクスの推進力となっているインターネットの存在があると思う。西欧では、とくに、伝統的に社会の「集合性」を支えてきた家族、コミュニティ、政党、キリスト教会、そして、マスメディアがぐらついている。

そのかわり、商業主義とそれに連なるポピュリズムが、バラバラになった個人をつかまえて離さない。それらは、言語や文化を超えて、同じようなフレーズや映像を仕立てて、選挙の言葉に、メディアの報道に、人々の会話にいつのまにか忍び込んで、人々をまとめあげていく。そして、そのフレーズの一つとして「メディア不信」があるように思った。もとをただせば、商業主義もポピュリズムもメディアが広めたものなのに、いまではこの二つが新聞やテレビといった集合的メディアを標的にして、非難の矛先を向ける。

本書では、各国のメディアの違いを書きながらも、どちらかというと、そうした世界共通の、情報空間における商業主義の主流化とポピュリズムの台頭を記録しておきたかった。とはいえ、各章では、国ごとに特徴的なメディアやジャーナリズムのあり方、社会的位置も説明したつもりである。そこから、私たちが毎日接する日本のメディアのあり方は必然ではなく、ほかの可能性があることを考えてもらうきっかけとなればと願う。また、本文でも強調したが、日本社会に広がるメディアへの無関心がとても気になる。それは政治への無関心と強く関係していると思われるが、メディアは生活世界の規範や規律に直接関わるだけに、より多くの人が「自分のこと」として考えてほしい。

なお、本書第3章と第4章は以下の既出の論考を大幅に改稿、加筆して書いている。

- 「ソーシャル・メディアに翻弄されるアメリカ――トランプ大統領誕生と日本のジャーナリズムの課題」『世界』二〇一七年一月号
- 「トランプ大統領とフェイクニュースの誕生」『GALAC』二〇一七年五月号
- 「届けられなかった声――新聞産業の衰退と忘れられていく人々」『メディア展望』二〇一

七年八月号、公益財団法人新聞通信調査会
・「米国におけるSNSの普及とジャーナリズムの行方」『學士會会報』No. 927、二〇一七年一一月

これまで、メディア国際比較研究のために、さまざまなプロジェクトを行ってきた。そのために、科学研究費補助金、三菱財団、放送文化基金から助成金をいただいた。この本はそうした助成なしには書けなかった。改めてお礼を述べたい。

また、安倍フェローシップ・プログラムは、私の米国、英国、ドイツでの在外研究を可能にしてくれた。心からお礼申し上げる。

二〇一六年九月には日本弁護士連合会「人権と報道」調査団とともにドイツにおける言論の自由と人権について調査旅行をし、多くの示唆を得た。坂井眞団長、廣田智子事務局長をはじめ、調査団のみなさまにも心よりお礼を申し上げる。

在外研究に行くことを許してくれた私の勤務先（東京大学大学院情報学環）の同僚たち、とくに佐倉統《さくらおさむ》学環長にもお礼申し上げる。「研究者は研究するのが仕事だ」と言って送り出してくれた。けれども、近年の大学ではこれはまったくあたりまえではない。

また、この本を執筆するにあたって、多くの方のお世話になった。以下、敬称を略してお名前を挙げる。心よりお礼を述べたい。

河原理子、北出真紀恵、前田幸男、矢口祐人には、それぞれの仕事に忙しい中、無理矢理、原稿の一部あるいは全部を読んでもらい、コメントをもらった。賛成しかねる部分も多々あったと思う。もちろん、内容については、すべて私の責任である。

在外研究中、私の研究環境を最高のものにしてくれたノースウェスタン大学パブロ・ボツコフスキ、ロンドン大学ジェームス・カラン、ベルリン自由大学李恩政《イ・ウンジョン》、ペンシルバニア大学バービー・ゼリザーは、滞在する先々で、研究に最高の環境を用意してくれた。

オックスフォード大学ロイター・ジャーナリズム研究所は快くデータを提供してくださった。そのほか、本書を書くにあたっていろいろとアドバイスをくれたアンジェラ・フィリップス、マルグレート・リューネボルク、フィリップ・ハワード、ゲルト・コッパー、ミッコ・ヴィリにも感謝している。

約一年という長期間、はじめて家を留守にした。夫シュテファン・シュパイデル、父と母にも感謝の念でいっぱいだ。最初の出版のときは幼く手のかかった子どもたちが、いまでは成長、独立して、頼もしくも私の「留学先」に引越しを手伝いに来てくれた。振り返ればあっという間の子育てであった。これからは、息子、娘、そして私の学生たちの世代が活躍する時代。困難な時代だと思うが、多様な人が生きやすく、やさしい社会にするために、私もがんばりたい。私がこれまでお世話になった多くの人たちに恩返しをし、未来の人たちの助けになりたいと思う。

本書はずいぶん前からいろいろな形で計画をしていたが、うまく具体化しなかった。その際、最初に本書のタイトルを与えてくださったのは、十時由紀子さんだった。とても感謝している。そして、本書をまとめる際にずっと伴走してくださった岩波書店の上田麻里さんには感謝の言葉が見つからない。私の力不足でときどき筆が中断して、スケジュールで心配ばかりかけてしまった。

これを脱稿する直前にドイツではちょうど連邦議会選挙が終わった。当選した一人、一見リベラルなキャリアウーマン風の若い右翼政党候補が、テレビカメラに向かって排外主義と人種差別的言葉を滔々《とうとう》と語る。八〇年代、九〇年代にドイツで暮らした者としては隔世の感がある。英国はEU離脱をめぐってまだまだ先行きが不透明だ。英国の友人たちは、「トランプは最長八年で退場するが、EU離脱はそう簡単には覆せない」とため息をついていた。その米国では、トランプ大統領が相変わらず毒舌で「政界のあたりまえ」を覆している。

日本では、青天の霹靂《へきれき》で衆議院が解散させられて選挙に突入。その際、野党民進党はいつのまにか消えた。日本の政党は思想やイデオロギーではなく、人間関係でつながっている集団だということを改めて実感した。「野党」の存在感が一層薄まり、これからいよいよ、大衆迎合と全体主義の影がしのび寄るのだろうか。恐ろしい。

この難しい時代に、ジャーナリズムは何のためにあるのか。メディアは、だれのために何を報道するのか、私たちみなでもう一度考えなければと思う。本書がそのきっかけになれば、幸いである。

二〇一七年一〇月　フランクフルト・アム・マインにて

林　香　里

主要引用・参考文献

本文執筆には多くの文献，新聞，雑誌，ウェブページを参照した．ここに挙げるのはその一部である．リストは，各章ごと著者の姓アルファベット順で，複数の章で引用している文献は，最初に引用した章のみに記した．また，直接引用・言及した文献は，本文中に出典を示しているものもある．ウェブサイトの URL はすべて，2017 年 10 月 1 日時点のものである．

序章

ルーマン，ニクラス，1973＝1990，『信頼 —— 社会的な複雑性の縮減メカニズム』大庭健・正村俊之訳，勁草書房．

Newman, N., R. Fletcher, A. Kalogeropoulos, D. A. L. Levy and R. K. Nielsen, 2017, *Reuters Institute Digital News Report 2017,* Institute for the Study of Journalism, University of Oxford.

第 1 章

ハーバーマス，J., E. ノルテほか，1987＝1995，『過ぎ去ろうとしない過去 —— ナチズムとドイツ歴史家論争』徳永恂ほか訳，三島憲一解説，人文書院．

林香里，1997，「ドイツプレス評議会の軌跡と現在 —— プレスの自主規制の有効性を模索した 40 年」『東京大学社会情報研究所紀要』第 55 号．

Krüger, U., 2013, *Meinungsmacht. Der Einfluss von Eliten auf Leitmedien und Alpha-Journalisten – eine kritische Netzwerkanalyse,* Herbert von Halem Verlag.

Otto, K. and A. Köhler, 2016, “Wer misstraut den Medien?” *European Journalism Observatory* (*EJO*). September 5, 2016, http://de.ejo-online.eu/qualitaet-ethik/wer-misstraut-den-medien

Seidler, J. D., 2016, *Die Verschwörung der Massenmedien: Eine Kulturgeschichte vom Buchhändler-Komplott bis zur Lügenpresse,* Bielefeld: transcript.

鈴木秀美，2000，『放送の自由』信山社.

第 2 章

Jackson, D., E. Thorsen and D. Wring (eds.), 2016, “EU Referendum Analysis 2016: Media, Voters and the Campaign. Early Reflections from Leading UK Academics,” Centre for the Study of Journalism, Culture and Community. Bournemouth University.

Lord Ashcroft, 2016, “How the United Kingdom Voted on Thursday … and Why,” June 24, 2016, http://lordashcroftpolls.com/2016/06/how-the-united-kingdom-voted-and-why/

Loughborough University, 2016, *Media Coverage of the EU Referendum (report 3)*, June 12, 2016, https://blog.lboro.ac.uk/crcc/eu-referendum/media-coverage-of-the-eu-referendum-report-3/

水島治郎，2016，『ポピュリズムとは何か ── 民主主義の敵か，改革の希望か』中公新書.

National Readership Survey, Newsbrands, http://www.nrs.co.uk/latest-results/nrs-print-results/newspapers-nrsprintresults/

Prosser, Ch., J. Mellon and J. Green, 2016, “What Mattered Most to You When Deciding How to Vote in the EU Referendum?” July 11, 2016, http://www.britishelectionstudy.com/bes-findings/what-mattered-most-to-you-when-deciding-how-to-vote-in-the-eu-referendum/

田中孝宜，2017，「NHK 文研フォーラム 2017 BBC と「報道の公平性」── BBC 元政治番組統括に聞く」『放送研究と調査』2017 年 6 月号.

第 3 章

有馬哲夫，2004，『中傷と陰謀 ── アメリカ大統領選狂騒史』新潮新書.

Bagdikian, B. H., 2004, *The New Media Monopoly,* Beacon Press.

Doctor, K., 2015, “Newsonomics: The Halving of America’s Daily Newsrooms,” July 28, 2015, NiemanLab, http://www.niemanlab.org/2015/07/newsonomics-the-halving-of-americas-daily-newsrooms/

藤田博司，1991，『アメリカのジャーナリズム』岩波新書．
Iyengar, S. and S. J. Westwood, 2015,"Fear and Loathing across Party Lines: New Evidence on Group Polarization," *American Journal of Political Science* 59(3).
森本あんり，2015，『反知性主義 ── アメリカが生んだ「熱病」の正体』新潮選書．
Perrin, A., 2015, *Social Media Usage: 2005-2015,* Pew Research Center, October, 2015.
Pew Research Center, October, 2014. "Political Polarization & Media Habits."
Pew Research Center, July, 2016. "The Modern News Consumer."
ピケティ，トマ，2013＝2014，『21 世紀の資本』山形浩生・守岡桜・森本正史訳，みすず書房．
Silverman, C., 2016, "This Analysis Shows How Viral Fake Election News Stories Outperformed Real News on Facebook," Buzzfeed News, November 17, 2016, https://www.buzzfeed.com/craigsilverman/viral-fake-election-news-outperformed-real-news-on-facebook
サンスティン，キャス，2001＝2003，『インターネットは民主主義の敵か』石川幸憲訳，毎日新聞社．
Sunstein, C. R, 2007, *Republic.com 2.0*, Princeton University Press.
Swift, A., 2017, "In U.S., Confidence in Newspapers Still Low but Rising," Gallup News, June 28, 2017, http://www.gallup.com/poll/212852/confidence-newspapers-low-rising.aspx

第 4 章

Curran, J., S. Coen, S. Soroka, T. Alberg, K. Hayashi *et al.*, 2014, "Reconsidering 'Virtuous Circle' and 'Media Malaise' Theories of the Media: An 11-nation Study," *Journalism*, 15(7).
藤田博司，2010，『どうする情報源 ── 報道改革の分水嶺』リベルタ出版．
秦郁彦，2015，「第三者委員会に関わった体験や見聞についての「調査報道」」『Journalism』2015 年 3 月号．

畑仲哲雄，2008，『新聞再生 —— コミュニティからの挑戦』平凡社新書.
放送倫理・番組向上機構，2014，『BPO 10年のあゆみ』.
稲増一憲，2016，「メディア・世論調査への不信の多面性 —— 社会調査データの分析から」『放送メディア研究』No. 13.
上丸洋一，2011，『『諸君！』『正論』の研究 —— 保守言論はどう変容してきたか』岩波書店.
木村義子・関根智江・行木麻衣，2015，「テレビ視聴とメディア利用の現在 ——「日本人とテレビ・2015」調査から」『放送研究と調査』2015年8月.
NHK放送文化研究所(世論調査部)，2016，『2015年 国民生活時間調査報告書』2016年2月.
産経新聞社，2014，『歴史戦 —— 朝日新聞が世界にまいた「慰安婦」の嘘を討つ』産経セレクト.
辻大介，2017，「計量調査から見る「ネット右翼」のプロファイル —— 2007年／2014年ウェブ調査の分析結果をもとに」『年報人間科学』(38).

第5章

アーレント，ハンナ，1958=1994，『人間の条件』志水速雄訳，ちくま学芸文庫.
Boczkowski, P. J., E. Mitchelstein and M. Matassi, 2016, *Incidental News: How Young People Consume News on Social Media*, Conference paper, HICSS 50.
Bond, R. M., C. J. Fariss, J. J. Jones, A. D. I. Kramer, C. Marlow, J. E. Settle and J. H. Fowler, 2012, “A 61-million-person Experiment in Social Influence and Political Mobilization,” *Nature* 489(7415).
カルドン，ドミニク，2010=2012，『インターネット・デモクラシー —— 拡大する公共空間と代議制のゆくえ』林香里・林昌宏訳，トランスビュー.
Howard, P. N. and B. Kollanyi, 2016, “Bots, #StrongerIn, and #Brexit: Computational Propaganda during the UK-EU Referendum,” June 20, 2016, https://ssrn.com/abstract=2798311

Kosinski, M., D. Stillwell and Th. Graepel, 2013,"Private Traits and Attributes are Predictable from Digital Records of Human Behavior," *Proceedings of the National Academy of Sciences of the United States of America* 110(15).

Kramer, A. D., J. E. Guillory and J. T. Hancock, 2014, "Experimental Evidence of Massive-scale Emotional Contagion through Social Networks." *Proc Natl Acad Sci U S A* 111(24).

パリサー，イーライ，2011＝2012,『閉じこもるインターネット― グーグル・パーソナライズ・民主主義』井口耕二訳，早川書房.

Pennycook, G. and D. G. Rand, 2017, "Assessing the Effect of 'Disputed' Warnings and Source Salience on Perceptions of Fake News Accuracy," September 15, 2017, https://ssrn.com/abstract=3035384

タルド，ガブリエル，1890＝2007,『模倣の法則』池田祥英・村澤真保呂訳，河出書房新社.

終章

東浩紀，2011,『一般意志 2.0 ── ルソー，フロイト，グーグル』講談社.

橋元良明・中村功・関谷直也・小笠原盛浩ほか，2011,「インターネット利用の不安をめぐる 10 カ国比較調査」『東京大学大学院情報学環紀要 情報学研究・調査研究編』No. 27.

林香里・谷岡理香編著，2013,『テレビ報道職のワーク・ライフ・アンバランス ── 13 局男女 30 人の聞き取り調査から』大月書店.

林 香里

1963年名古屋市生まれ．ロイター通信社東京支局記者，東京大学社会情報研究所助手，ドイツ，バンベルク大学客員研究員を経て，現在，東京大学大学院情報学環教授，2021年4月より，東京大学理事・副学長(国際・ダイバーシティ担当)．
専門：ジャーナリズム／マスメディア研究．
2016年4月から2017年3月まで，ノースウェスタン大学，ロンドン大学，ベルリン自由大学客員研究員．
著書―『〈オンナ・コドモ〉のジャーナリズム――ケアの倫理とともに』(岩波書店，2011年，第4回内川芳美記念マス・コミュニケーション学会賞受賞)，『テレビ報道職のワーク・ライフ・アンバランス――13局男女30人の聞き取り調査から』(谷岡理香と共編著，大月書店，2013年)

メディア不信 何が問われているのか

岩波新書(新赤版)1685

2017年11月21日 第1刷発行
2021年9月6日 第3刷発行

著 者 林《はやし》 香《かお》里《り》

発行者 坂本政謙

発行所 株式会社 岩波書店
〒101-8002 東京都千代田区一ツ橋2-5-5
案内 03-5210-4000 営業部 03-5210-4111
https://www.iwanami.co.jp/

新書編集部 03-5210-4054
https://www.iwanami.co.jp/sin/

印刷・精興社 カバー・半七印刷 製本・中永製本

ISBN 978-4-00-431685-5 Printed in Japan

岩波新書新赤版一〇〇〇点に際して

ひとつの時代が終わったと言われて久しい。だが、その先にいかなる時代を展望するのか、私たちはその輪郭すら描きえていない。二〇世紀から持ち越した課題の多くは、未だ解決の緒を見つけることのできないままであり、二一世紀が新たに招きよせた問題も少なくない。グローバル資本主義の浸透、憎悪の連鎖、暴力の応酬——世界は混沌として深い不安の只中にある。

現代社会においては変化が常態となり、速さと新しさに絶対的な価値が与えられた。消費社会の深化と情報技術の革命は、種々の境界を無くし、人々の生活やコミュニケーションの様式を根底から変容させてきた。ライフスタイルは多様化し、一面では個人の生き方をそれぞれが選びとる時代が始まっている。同時に、新たな格差が生まれ、様々な次元での亀裂や分断が深まっている。社会や歴史に対する意識が揺らぎ、普遍的な理念に対する根本的な懐疑や、現実を変えることへの無力感がひそかに根を張りつつある。そして生きることに誰もが困難を覚える時代が到来している。

しかし、日常生活のそれぞれの場で、自由と民主主義を獲得し実践することを通じて、私たち自身がそうした閉塞を乗り超え、希望の時代の幕開けを告げてゆくことは不可能ではあるまい。そのために、いま求められていること——それは、個と個の間で開かれた対話を積み重ねながら、人間らしく生きることの条件について一人ひとりが粘り強く思考することではないか。その営みの糧となるものが、教養に外ならないと私たちは考える。歴史とは何か、よく生きるとはいかなることか、世界そして人間はどこへ向かうべきなのか——こうした根源的な問いとの格闘が、文化と知の厚みを作り出し、個人と社会を支える基盤としての教養となった。まさにそのような教養への道案内こそ、岩波新書が創刊以来、追求してきたことである。

岩波新書は、日中戦争下の一九三八年一一月に赤版として創刊された。創刊の辞は、道義の精神に則らない日本の行動を憂慮し、批判的精神と良心的行動の欠如を戒めつつ、現代人の現代的教養を刊行の目的とする、と謳っている。以後、青版、黄版、新赤版と装いを改めながら、合計二五〇〇点余りを世に問うてきた。そして、いままた新赤版が一〇〇〇点を迎えたのを機に、人間の理性と良心への信頼を再確認し、それに裏打ちされた文化を培っていく決意を込めて、新しい装丁のもとに再出発したいと思う。一冊一冊から吹き出す新風が一人でも多くの読者の許に届くこと、そして希望ある時代への想像力を豊かにかき立てることを切に願う。

（二〇〇六年四月）

社会

サイバーセキュリティ　谷脇康彦
まちづくり都市 金沢　山出保
虚偽自白を読み解く　浜田寿美男
総介護社会　小竹雅子
戦争体験と経営者　立石泰則
住まいで「老活」　安楽玲子
現代社会はどこに向かうか　見田宗介
EVと自動運転 クルマをどう変えるか　鶴原吉郎
ルポ 保育格差　小林美希
津波災害〔増補版〕　河田惠昭
棋士とAI　王銘琬
原子力規制委員会　新藤宗幸
東電原発裁判　添田孝史
日本問答　田中優子・松岡正剛
日本の無戸籍者　井戸まさえ
〈ひとり死〉時代のお葬式とお墓　小谷みどり

町を住みこなす　大月敏雄
親権と子ども　榊原富士子・池田清貴
歩く、見る、聞く 人びとの自然再生　宮内泰介
対話する社会へ　暉峻淑子
悩みいろいろ　金子勝
魚と日本人 食と職の経済学　濱田武士
ルポ 貧困女子　飯島裕子
鳥獣害 動物たちと、どう向きあうか　祖田修
科学者と戦争　池内了
新しい幸福論　橘木俊詔
ブラックバイト 学生が危ない　今野晴貴
原発プロパガンダ　本間龍
ルポ 母子避難　吉田千亜
日本にとって沖縄とは何か　新崎盛暉
日本病 長期衰退のダイナミクス　金子勝・児玉龍彦
雇用身分社会　森岡孝二
生命保険とのつき合い方　出口治明

ルポ にっぽんのごみ　杉本裕明
鈴木さんにも分かるネットの未来　川上量生
地域に希望あり　大江正章
世論調査とは何だろうか　岩本裕
フォト・ストーリー 沖縄の70年　石川文洋
ルポ 保育崩壊　小林美希
多数決を疑う 社会的選択理論とは何か　坂井豊貴
アホウドリを追った日本人　平岡昭利
朝鮮と日本に生きる　金時鐘
被災弱者　岡田広行
農山村は消滅しない　小田切徳美
復興〈災害〉　塩崎賢明
「働くこと」を問い直す　山崎憲
原発と大津波 警告を葬った人々　添田孝史
縮小都市の挑戦　矢作弘
福島原発事故 被災者支援政策の欺瞞　日野行介
日本の年金　駒村康平

岩波新書より

食と農でつなぐ 福島から　塩谷弘康／岩崎由美子
過労自殺〔第二版〕　川人博
金沢を歩く　山出保
ドキュメント 豪雨災害　稲泉連
ひとり親家庭　赤石千衣子
女のからだ フェミニズム以後　荻野美穂
〈老いがい〉の時代　天野正子
子どもの貧困Ⅱ　阿部彩
性と法律　角田由紀子
ヘイト・スピーチとは何か　師岡康子
生活保護から考える　稲葉剛
かつお節と日本人　宮内泰介／藤林泰
家事労働ハラスメント　竹信三恵子
福島原発事故 県民健康管理調査の闇　日野行介
電気料金はなぜ上がるのか　朝日新聞経済部
おとなが育つ条件　柏木惠子
在日外国人〔第三版〕　田中宏
まち再生の術語集　延藤安弘

震災日録 記憶を記録する　森まゆみ
原発をつくらせない人びと　山秋真
社会人の生き方　暉峻淑子
構造災 科学技術社会に潜む危機　松本三和夫
家族という意志　芹沢俊介
ルポ 良心と義務　田中伸尚
飯舘村は負けない　千葉悦子／松野光伸
夢よりも深い覚醒へ　大澤真幸
子どもの声を社会へ　桜井智恵子
就職とは何か　森岡孝二
日本のデザイン　原研哉
ポジティヴ・アクション　辻村みよ子
脱原子力社会へ　長谷川公一
希望は絶望のど真ん中に　むのたけじ
福島 原発と人びと　広河隆一
アスベスト 広がる被害　大島秀利
原発を終わらせる　石橋克彦編
日本の食糧が危ない　中村靖彦
勲章 知られざる素顔　栗原俊雄

希望のつくり方　玄田有史
生き方の不平等　白波瀬佐和子
同性愛と異性愛　風間孝／河口和也
贅沢の条件　山田登世子
新しい労働社会　濱口桂一郎
世代間連帯　上野千鶴子／辻元清美
道路をどうするか　五十嵐敬喜／小川明雄
子どもの貧困　阿部彩
子どもへの性的虐待　森田ゆり
戦争絶滅へ、人間復活へ　むのたけじ／黒岩比佐子 聞き手
テレワーク 「未来型労働」の現実　佐藤彰男
反貧困　湯浅誠
不可能性の時代　大澤真幸
地域の力　大江正章
グアムと日本人 戦争を埋立てた楽園　山口誠
少子社会日本　山田昌弘
親米と反米　吉見俊哉
「悩み」の正体　香山リカ